U0922090

珍藏本
纪念版

汉译世界学术名著丛书

哲学作为严格的科学

〔德〕胡塞尔 著

倪梁康 译

2017年·北京

Edmund Husserl
PHILOSOPHIE ALS STRENGE WISSENSCHAFT

根据维托里奥·克洛斯特曼出版公司 1965 年版译出

汉译世界学术名著丛书
（120年纪念版·珍藏本）
出 版 说 明

2017年2月11日，商务印书馆迎来120岁的生日。120年前，商务印书馆前贤怀揣文化救国的理想，抱持“昌明教育，开启民智”的使命，立足本土，放眼寰宇，以出版为津梁，沟通中西，为中国、为世界提供最富智慧的思想文化成果。无论世事白云苍狗，潮流左右激荡，甚至战火硝烟弥漫，始终践行学术报国之志，无改初心。

迻译世界各国学术名著，即其一端。早在20世纪初年便出版《原富》《天演论》等影响至今的代表性著作，1950年代后更致力于外国哲学和社会科学经典的译介，及至1980年代，辑为“汉译世界学术名著丛书”，汇涓为流，蔚为大观。丛书自1981年开始出版，历时三十余年，迄今已推出七百种，是我国现代出版史上规模最大、最为重要的学术翻译工程。

丛书所选之书，立场观点不囿于一派，学科领域不限于一门，皆为文明开启以来，各时代、各国家、各民族的思想与文化精粹，代表着人类已经到达过的精神境界。丛书系统译介世界学术经典，引领时代思想，为本土原创学术的发展提供丰富的文化滋养，为推动中国现代学术和现代化进程做出了突出的贡献。

为纪念商务印书馆成立120周年，我们整体推出“汉译世界学术名著丛书”120年纪念版的珍藏本，寄望既利于文化积累，又便于研读查考，同时向长期支持丛书出版的译者、编者和读者致以敬意。

两甲子后的今天，商务印书馆又站在了一个新的历史时间节点上。我们不仅要铭记先辈的身影和足迹，更须让我们的步伐充满新的时代精神。这是商务人代代相传的事业，更是与国家和民族的命运始终紧密相连的事业。我们责无旁贷，必须做好我们这代人的传承与创造，让我们的努力和成果不仅凝聚成民族文化的记忆，还能成为后来人可以接续的事业。唯此，才能不负前贤，无愧来者。

商务印书馆编辑部

2017年10月

译 者 前 言

“哲学作为严格的科学”是当代德国哲学家、现象学创始人埃德蒙德·胡塞尔(Edmund Husserl,1859—1938年)于1911年发表在德国哲学杂志《逻各斯》(第一期,第289—341页)上的一篇长文(也被简称作“逻各斯文”)。这里的中译本是根据原文译出,同时参照了以后收录在由耐农(Thomas Nenon)和塞普(Hans Rainer Sepp)主编的《胡塞尔全集》第二十五卷:《文章与报告(1911—1921年)》(多德雷赫特等,1987年,第3—62页,以下简称“全集本”)中得到考证校定的同篇文字。胡塞尔本人以后在他的逻各斯文的私人自用本中还附加了一些评注性的文字,它们在全集本中作为“版本注”而得到标出。这些评注性文字在中译本中也一同被译出,作为“作者以后加入的边注和补充”附在正文的后面。同时一并译出的还有《胡塞尔全集》第二十五卷编者所写的与“哲学作为严格的科学”文字产生背景有关的部分引论,题为“全集本编者引论”。

除此之外,中译本还参照了威廉·斯基拉奇(Wilhelm Szilasi)于1965年所编的第一个单行本:《哲学作为严格的科学》(法兰克福/美茵,1965年,共107页,以下简称“单行本”)。斯基拉奇为此单行本所撰写的“内容分析”与“后记”也一同被译出,以“单行本

编者内容提要”和“单行本编者后记”（留有海德格尔痕迹的“后记”!）为题附在正文后面。斯基拉奇还撰写了“生平”和“文献选要”附在单行本后，这后两份文字虽然因写得较早而不能反映当今胡塞尔研究的最新状态，但仍然具有一定的参考价值；尤其是作者本人在“生平”中加入了对胡塞尔回忆，从而使之超出了单纯资料的范围。是故在此仍将它们译出。

这样，书后的“附录”便共有六篇，分别涉及：1）作者的修改意图；2）文字的产生背景；3）内容提要；4）内容解释；5）作者生平；6）有关文献。

于是译者的话便不得已而被放到了前面。它不想成为一个导读，充其量只是译者在翻译过程中以及在翻译前后的一些随想，读者尽可以将它放到最后去读，假如那时仍还想读的话。

本世纪初，胡塞尔《逻辑研究》两卷本的发表（1900/01 年），使现象学得以突破并得以滥觞。这时胡塞尔在哲学界的声誉斐然，他被看作是一个里程碑式的人物。这从他的同时代人如狄尔泰（W. Dilthey）、那托普（P. Natorp）等以及后一代人如海德格尔（M. Heidegger）、伽达默尔（H.-G. Gadamer）等的评价与回忆中已可见一斑。现象学揭示了一个新的研究领域。如莱维纳斯（E. Levinas）所说，这个领域是德国古典哲学的思辨目光所无法达及的。现象学的意向分析和描述方法几乎使现象学成为一门与逻辑学或心理学相并列的特殊学科。甚至在今天通行的学科分类中还可以清楚地看到这种影响的存在。

在《逻辑研究》发表的同一年，胡塞尔便在一封信中预告说：

“十年后再出一卷新的!”[1]果然,在此后的十年里,胡塞尔基本上是歇笔不发。直到1911年,他才应李凯尔特(H. Rickert)之约而拿出“哲学作为严格的科学”。我们在后面斯基拉奇所写的胡塞尔“生平”中可以读到:“在《逻辑研究》发表后处在显赫声誉之中的胡塞尔能够沉默十年之久,尔后才认为‘哲学作为严格的科学’值得发表,这个事实赋予了这篇论文以无法充分估量的重要意义。”如今它已基本上被看作是一份带有胡塞尔签名的“现象学宣言”。

《哲学作为严格的科学》在当时思想界所产生的影响至少可以概括为以下两个方面:

从批判性的角度来看,在《逻辑研究》完成了对心理主义的有力抨击之后,《哲学作为严格的科学》仍然需要在两条战线上作战:一方面是与自然主义,另一方面是与历史主义。前者主要表现在当时盛行的实验心理学的各种学说之中,后者则主要是指为狄尔泰等人所倡导的历史学派。胡塞尔的批判在很大程度上是《逻辑研究》中对心理主义批判的继续,他仍然在坚持不懈地揭示这些学说的相对主义和怀疑主义之最终结局。而这个结局对于当时的自然主义与历史主义来说并非是不言自明的。对于胡塞尔在这方面的努力,非现象学哲学家科拉克夫斯基(L. Kolakowski)曾确切地评价说:“他比任何一个人都更多地迫使我们认清知识的窘迫境况:要么是彻底的经验主义连同其相对主义、怀疑主义的结论,它被许多人看作是一个令人沮丧的、不能被接受的,并且事实上会给

① 《胡塞尔书信集》第五卷,第77页。——《胡塞尔书信集》(*Briefwechsel*)共十卷,作为《胡塞尔全集——资料》(*Husserliana-Dokumente*)第三集,由舒曼(K. Schuhmann)编辑出版,多德雷赫特等,1994年。

我们的文化带来毁灭的立场；要么就是先验主义的独断论，它实际上无法论证自身，并且最终仍然还是一个随意性的决定。我不得不承认，尽管最终的确然性是一个在理性主义范围之内无法达到目标，但如果没有那些不断努力试图达到这个目标的人们，我们的文化就将会是贫乏而可怜的；而且，如果我们的文化完全落入怀疑主义者们的手中，那么它将几乎无法继续生存下去。我相信，人类的文化永远不可能达到对它的各个杂多而不统一的组成部分的完善综合。然而，恰恰是它的各种成分的不统一性才有助于它的丰富多彩。而使我们的文化得以保持其生命力的，与其说是各种价值之间的和谐，不如说是各种价值之间的冲突。"[①]实际上，许许多多的当代人之所以能够从容地游弋于相对主义和绝对主义的夹缝之间，既带有怀疑主义的警觉，又仍抱有对健康的理性的最终信念，恐怕在很大程度上要归功于胡塞尔们的孜孜求索。

除此之外，由于胡塞尔在这篇文章中公开表露了他与狄尔泰思想的分歧，因而这篇文字对后人理解现象学与解释学之间的关系也不无启迪作用。

而从建构性的角度来看，可以笼统地说，在《逻辑研究》中，胡塞尔试图将哲学定位于逻辑学和心理学之间，而在《哲学作为严格的科学》中，他是努力在自然科学与精神科学（历史科学）之间找到哲学的位置。虽然在这篇文章中，现象学尚未带有"先验"现象学的标记——"先验"一词在这里从未出现过——，但胡塞尔的意图

① 科拉克夫斯基：《寻找失落了的确然性》（*Auf der Suche nach der verlorenen Gewißheit*），斯图加特，1977 年，第 96—97 页。

在这里已经十分清楚地得到表露：通过对哲学的新的论证，严格的哲学将以构造现象学的形态出现，它将为经验的自然科学和精神科学奠定基础，因为现象学所探讨的不仅是“意识构形的本质联系”（意识的“心理”方面），而且也探讨“与它们相关的本质相属的被意指性”（即被意识所构造出来的“物理”方面）①；这两个研究方向（“所有的意识—被意指者”）在他两年后发表的《纯粹现象学与现象学哲学的观念》第一卷中也被称作“意向活动”（Noesis）和“意向对象”（Noema）。所以，《哲学作为严格的科学》实际上已含有胡塞尔先验构造现象学的第一次公开预告。正是在这个意义上，海德格尔日后曾合理地指出，这篇文章“通过《纯粹现象学与现象学哲学的观念》才获得了对其纲领性论题的充分论证”②。

值得一提的是：对胡塞尔在文章中所宣示出的这种努力趋向，海德格尔既表示赞同，也持有批评：他赞同胡塞尔所提出的“面对实事本身！”的口号，赞同“研究的动力必定不是来自各种哲学，而是来自实事与问题”的主张③，赞同现象学的直观性原则与中立性原则；但他拒绝对“实事本身”作“意识的主体性”的理解，并且认为胡塞尔在此文中表现出向近代哲学，尤其是向康德主义的转向，从而背离了现象学的原则，放弃了对思的实事（原现象、原实事）的真正思考④。——对此，读者可以对照胡塞尔的原文而得出自己的

① 参阅“哲学作为严格的科学”，第 317 页（边码，下同）。

② 海德格尔：《面向思的事情》，陈小文、孙周兴译，商务印书馆，1996 年，第 80 页。译文略有更动，下同。

③ 参阅“哲学作为严格的科学”，第 317 页；海德格尔，同上书，第 65 页。

④ 参阅海德格尔，同上书，第 47 页、第 65—68 页、第 79 页等。

评价。

这里无须再重构胡塞尔在上述两个方面(批判性方面和建构性方面)的论述。读者或者可以在正文中完整地读到它们,或者可以在后面的“单行本编者内容提要”以及“单行本编者后记”等附录中获得对它们的大致了解。

需要强调的是胡塞尔的哲学观。根据胡塞尔本人的回忆,他首先是在布伦塔诺(F. Brentano)的讲座中获得一个坚定的信念,这个信念使他有勇气将哲学选择为终生的职业:“哲学也是一个严肃工作的领域,哲学也可以并且也必须在严格科学的精神中受到探讨”[①]。这个信念不仅时常在他的研究手稿中出现:“哲学就是指向绝对认识的意向”[②],而且也在《哲学作为严格的科学》这篇文章中得到第一次公开的表露:“哲学本质上是一门关于真正开端、关于起源、关于万物之本的科学”[③]。胡塞尔一生从未放弃过这个哲学观。

将这个哲学观加以展开,它便意味着,一方面,向最终论证、最终奠基的回溯被理解为向认识主体的“意义给予”之成就的回溯[④],这种回溯是直接进行的,是自身负责的,任何间接的中介都必须被排除在外。另一方面,在获得了经过最终论证的真理之后,哲学的任务还在于,将这种真理付诸实践并且根据这种真理而承

① 《文章与报告(1911—1921年)》,《胡塞尔全集》第二十五卷,第305页。

② 手稿 BII 19,第42页。

③ “哲学作为严格的科学”,第341页。

④ 《纯粹现象学与现象学哲学的观念》第一卷,《胡塞尔全集》第三卷,海牙,1976年,第55页。

担起主体性的责任与义务，这也是一门哲学伦理学和价值论的中心任务。在对哲学的这一理解中无疑包含着胡塞尔对理论与实践的奠基关系的理解。

在20世纪末的今天，凡略晓当今世界“哲学行情”的人都会认为这种哲学观已经属于过去。当代人会乐于坦然地面对怀疑主义和相对主义的指责。虽然各种不同派别的哲学思潮如今还在“理性”或“合理性”的总体标题下进行着各种独白或对话，但“告别原理”，亦即告别逻辑中心主义意义上的理性，已经成为或多或少可以被一致接受的口号；世界不再被视作一个可以根据某个或几个公理而推导出来的统一而有序的系统。笛卡尔曾在他的时代以“有序的”哲思者作为其沉思对话的基本前提对象[①]。时至今日，“有序”本身已经不再成为哲学思考的公认标准。“有序”连同“无序”一起，被一些哲学家视为人类社会所面临的两大危险[②]。胡塞尔所做的那些对心理主义、自然主义、历史主义等各种形式的相对主义和怀疑主义的批判已经明显与流行意识相背，而他对确然性之苦苦追求更是被视为不明生活形式和价值系统之杂多与间断的真谛。

然而，就像苏格拉底或康德还在对一些当代人产生着活的效应一样，今天仍然有人——译者也算是其中之一——不懈地在胡塞尔留下的博大精深的思想宝库中寻找精神生活的动力或支点，究其原因至少可以找到以下两个方面：

首先，虽然作为严格科学的哲学仍然还是一个“无限遥远的

① 参阅笛卡尔：《哲学原理》(*Principia Philosophiae*)，I，7，10。

② 参阅《今日哲学》(*Philosophie heute*)，法兰克福/纽约，1997年，第51页。

点”，胡塞尔的哲思方法却仍然直接而具体地向我们指示着严格性的实例。就面前的《哲学作为严格的科学》而言，尽管它在胡塞尔的现有文献中属于纲领性的方法论述，本书单行本的编者斯基拉奇因此而将它比作笛卡尔的《方法谈》，但即使在这里也可以处处感受到胡塞尔现象学论述和操作的严格性。另一位非现象学的哲学家施泰格缪勒(W. Stegmüller)也曾公正地承认："胡塞尔的研究对哲学产生了巨大的影响。对于那些在原则上接受他的思想并将他的方法运用在其研究中的人来说，一个无限广阔的、新的工作领域展现出来。对于对立阵营的哲学家来说则形成了一种必然性，即：更清晰明白地阐明他们自己的立场并使他们的论据的无懈可击性与胡塞尔学说的高度科学水平相吻合。因此，像所有伟大的思想家一样，胡塞尔对朋友和敌人都发挥了促使他们进行创造性活动的影响。”[①]对于施泰格缪勒所做的这个特征描述，读者可以从《哲学作为严格的科学》一文的字里行间获得直接的感受。

但比他的严格方法影响更为深远的或许是胡塞尔在理论研究方面的执着精神。斯基拉奇认为，“胡塞尔的伟大从根本上带有这样一种特征：他能够长达数十年地以一种顽强的精神并且在一种宁静退隐的状态下一再地献身于新的问题。”这种甘于寂寞的个性恐怕是每一个“理论人”都应具备的一个基本素质前提。理论研究者应当可以看到：他们的宿命就在于追求独立的思想而避开流行的时尚。胡塞尔在世纪初所呼吁的“我们切不可为了时代而放弃

---

① 施泰格缪勒：《当代哲学主流》(*Hauptsrömungen der Gegenwartsphilosophie*)，第一卷，斯图加特，1978 年，第 81 页。

永恒”与王元化在世纪末一再倡导的“为学不做媚时语”实际上是一而二、二而一的[①]。过强的功利目的和实用心态或许是中国近现代学术困境的一个主要根源。正如文德尔班(W. Windelband)所说:“知识的金果只有在不被寻求的地方才能成熟”[②];而从近年来学术研究的整个趋势来看,胡塞尔在这篇文章中所做的警告在今天仍然有效:“正是在一个实践动机超强地上升的时代里,一种理论的本性也可能会比它的理论职业所允许的更为强烈地屈从于这些实践动机的力量。但在这里,尤其是对我们时代的哲学而言,存在着一个巨大的危险。”[③]就此而论,《哲学作为严格的科学》可能会给我们的学术研究以一定的启发与教益。

自80年代中期以来,胡塞尔哲学的中译本一直在缓慢而有序地进行着。如果我们将胡塞尔的前现象学时期称作早期,那么,从《逻辑研究》(1900/01年)[④]和《现象学的观念》(1907年)[⑤]到《哲学作为严格的科学》(1911年)、《纯粹现象学与现象学哲学的观念》第一卷[⑥]和“弗莱堡就职讲座”(1916年)[⑦]中译本的发表,胡塞尔

① 参阅胡塞尔:“哲学作为严格的科学”,第337页;王元化,“近思录”,载于:《学人》第十辑,南京,1996年,第37页。

② 文德尔班,《哲学史教程》(*Lehrbuch der Geschichte der Philosophie*),图宾根,1956年,第322页。

③ “哲学作为严格的科学”,第334页。

④ 《逻辑研究》第一卷:《纯粹逻辑学导引》,倪梁康译,上海,1994年,台北,1994年;第二卷:《现象学与认识论研究》,上、下部分,倪梁康译,上海,待出,台北,待出。

⑤ 《现象学的观念》,倪梁康译,上海,1986年,台北,1987年。

⑥ 《纯粹现象学通论》,李幼蒸译,北京,1994年。

⑦ “纯粹现象学及其研究领域和方法”,倪梁康译,载于《哲学译丛》,1994年,第5期。

中期的所有重要著述都已经进入到汉语语境之中。读者通过对这些著作的研读,可以把握到他这个时期思想的基本脉络。

《哲学作为严格的科学》在1988年便由吕祥从英文译成中文出版(中国国际出版公司,1988年);此后,在1993年选编两卷本《胡塞尔选集》(上海三联书店,1997年)时,我曾将吕祥的译文选入集子并作过大致的校对。此次从德文再译,也参考了吕祥的译文,在此致谢!但吕祥的译文由于各种原因而含有较多的错误,这也是促使译者从原文重译此书的动因之一。当然决定性的动因则来自"哲学作为严格科学"这篇文章本身所具有的重要意义,尤其是对我们这个时代!

借此还要感谢学友陈小文的理解、信任与支持!

译文中有缺失与欠妥之处,还望方家随时指正。

倪梁康

1998年6月10日记于南京

目　　录

哲学作为严格的科学

289 1　自最初的开端起，哲学便要求成为严格的科学，而且是这样的一门科学，它可以满足最高的理论需求，并且在伦理—宗教方面可以使一种受纯粹理性规范支配的生活成为可能。这个要求时而带着较强的力量，时而带着较弱的力量被提出来，但它从未被完全放弃过。即使是在对纯粹理论的兴趣和能力处于萎缩危险的时代，或者在宗教强权禁止理论研究自由的时代，它也从未被完全放弃过。

2　哲学在其发展的任何一个时期都没有能力满足这个成为严格科学的要求。即使是在最后一个时期，当哲学在各种哲学流派杂多而对立的情况下仍然遵循着一个本质上统一的自文艺复兴至当代的发展趋向时，它也未能做到这一点。尽管近代哲学的主导习俗(Ethos)恰恰在于，它不愿幼稚地投身于哲学的本欲，而宁可通过批判性反思的手段，在对方法的日趋深入的研究中，将自己构建成一门严格的哲学。但这些努力的唯一成熟结果是严格的自然科学和精神科学的建立与独立，以及各门新的纯粹数学学科的建立与独立。在这种现在才凸现出来的特殊意义上，哲学本身却仍然一如既往地缺乏严格科学的特征。甚至连这种凸现的意义也始终没有得到科学可靠的规定。哲学与自然科学和精神科学的关系如何，它的那些与自然和精神本质相关之工作的特殊哲学性是否原则上要求有新的观点，特殊的目标和方法是否原则上随这种新观点而一同被给予，哲学是否可以说是将我们引入到一个新的维度，或者它仍然与那些关于自然和精神生活的经验科学在同一个层次上游弋：对这样一些问题至今仍有争议。它表明，甚至连哲学问题 290 的真正意义都还没有得到科学的澄清。

3 因此，虽然哲学的历史目的在于成为所有科学中最高的和最严格的科学，它代表了人类对纯粹而绝对的认识之不懈追求（以及与此不可分割的是对纯粹而绝对的评价与意愿之不懈追求），但哲学没有能力将自身构建成一门真实的科学。这位在人性之永恒事业方面具有天职的教师根本不能进行教授：不能以客观有效的方法进行教授。康德喜欢说，人们无法学习哲学，而只能学习哲思(Philosophieren)。这无非是对哲学之非科学性的供认不讳。在科学、真实的科学伸展的范围内，人们可以教授和学习，并且始终是在相同的意义上。科学的学习从来都不是一种对精神以外材料的简单接受，而始终立足于自身的活动，立足于一种内部的再造，即通过创造性精神而获取的、按照根据与结论而进行的理性明察的内部再造。人们无法学习哲学的原因在于，在这里还没有那种得到客观领悟和论证的明察，而这也就意味着，在这里还缺乏那些在概念上得到明确界定、在意义方面得到完全澄清的问题、方法和理论。

4 我并不是说，哲学是一门未完善的科学，而是就干脆说，哲学还不是一门科学，它作为科学尚未开始，而我在这里是以那些得到客观论证的理论学说内容的哪怕很小一部分来作为评判标准的。所有科学都是不完善的，即使是那些备受颂扬的精确科学也是如此。它们一方面是不完备的，面对着众多未解答的问题的无限视域，这些问题使得认识的欲望永远无法得到安宁；另一方面，它们在已经构造出来的学说内容中带有某些缺陷，在这里或那里会表露出在证明的系统秩序和理论方面的不清晰和不完善。但无论如何，一个学说内涵已经形成，它不断地增长并且一再产生出新的分支。任何有理性的人都不会怀疑数学和自然科学的美妙理论的客观真实性或客观论证了的或然性。在这里——从总体上说——没有为私人的“意见”、“观点”、“立场”留下栖身的场所。但只要这些私人的东西还个别地存在着，那么科学就不是、并且一般也不被看
291 作是已经形成的科学，而是、并且一般也被看作是正在形成着的科学。①

5　刚才所描述的这种为所有科学所具有的不完善性完全不同于哲学的不完善性。哲学不仅不具有一个不完备的和仅仅是在个别方面不完善的学说系统，而是根本就不具有任何学说系统。这里的一切都是有争议的，任何一个表态都是个人信念的事情，都是学派见解的事情，都是“立场”的事情。

6　至于那些古代和现代科学的哲学世界文献为我们所提供的设想，它们或许是建立在严肃的、甚至是宏大的精神工作之基础上；不仅如此，它们或许在很大程度上是在为科学严格的学说系统在未来的创建做准备：但在这些文献中，暂时还没有任何东西可以被

---

① 我在此想到的当然不是那些哲学—数学的和自然哲学的争论问题，确切地看，这些问题不但涉及学说内涵的各个分散点，而且涉及这些学科的总体科学成就的“意义”。它们可以并且必须始终有别于这些学科本身，就像它们对于这些学科的大多数倡导者来说完全是无关紧要的一样。也许哲学一词在与所有科学的标题相关联时便意味着一种研究，这种研究在一定程度上为所有这些科学提供了一个新的维度，并且因此而提供了最终的完善。但维度一词同时暗示：严格的科学始终还是科学，学说内涵始终还是学说内涵，即使向这个新维度的过渡尚未进行。

看作是哲学科学的基础，而且还不存在任何希望，诸如用批判的剪刀在这里或那里裁剪出一块哲学的学说。

7　哲学是严格的科学，这个信念必须再一次得到鲜明而真诚的表述，并且恰恰是在这里，在《逻各斯》的起始阶段①，它将会为哲学的一个重要变革提供见证，并且为未来的哲学"体系"奠定基础。

8　因为，随着对所有至今为止的哲学之非科学性的鲜明强调，一个问题随即被提了出来：哲学是否仍然要坚持这个目的，即成为严格的科学，它是否可以坚持以及是否必须坚持这个目的。这个新的"变革"对我们来说应当意味着什么？例如意味着告别严格科学的观念？而那个为我们所期盼、在我们研究工作的低谷中应当作为理想而先示给我们的"体系"，它对我们来说又应当意味着什么？一个在传统意义上的哲学"体系"，就像是从某个创造性天才的大脑中蹦出来的一个装备齐全的密涅瓦女神——以便在将来与其他同类的密涅瓦女神一起被安放到寂静的历史博物馆中去？或者是一个哲学的学说系统，它在经过几代人的充分准备之后，以一个确定无疑的基础开始，像任何一个出色的建筑物一样，自下而上地耸入高空，因为一块块的砖石乃是依据引导性的明察、作为确定的构形而被砌入到这个稳固的建筑之中？正是在这个问题上，各种精神必定会分道扬镳。 292

9　对于哲学的进步来说至关重要的"变革"是这样的一种变革：在这种变革中，通过对以往哲学所遵循的那种被误认为是科学进程的批判，这些哲学要求成为科学的主张便得到瓦解，而在严格科

① 即本文发表于其上的《逻各斯》杂志。——译注

学意义上彻底地重新构建哲学，这个充分被意识到的意愿现在便是主导性的意愿，并且是决定着工作顺序的意愿。所有的思维力量首先都集中在这样一点上，即：通过系统的思考来彻底地澄清为至今为止的哲学所幼稚地忽略了或误解了的严格科学之条件，尔后再去尝试新建一座哲学的学说大厦。成为严格的科学，这样一个充分被意识到的意愿主宰着苏格拉底—柏拉图对哲学的变革，同样也在近代之初主宰着对经院哲学的科学反叛，尤其是主宰着笛卡尔的变革。它的推动力一直延续到17世纪和18世纪的伟大哲学之中，它以极端的力量在康德的理性批判中更新了自己，并且还主宰着费希特的哲学思考。研究的方向一再地指向真正的开端，指向关键性的问题表述与合理的方法。

10　只是在浪漫主义哲学中才发生了一个变化。尽管黑格尔坚持其方法和学说的绝对有效性，他的体系仍然缺乏理性批判，而正是这种批判才使哲学的科学性得以可能。但与此相关的是，黑格尔哲学与整个浪漫主义哲学一样，它在此后对严格的科学哲学之构造所起的作用就在于，它或是削弱、或是篡改了这个原初的本欲。

11　就后者而言，即就篡改的趋向而言，如所周知，黑格尔主义随
着精确科学的强大而引发起诸多反应，这些反应的结果便是，18
293 世纪自然主义获得了强有力的推动并用它那放弃一切绝对观念性
和有效客观性的怀疑论以风靡一切的方式规定着最近时期的世界
观和哲学。

12　另一方面，在对哲学的科学本欲之削弱的意义上，黑格尔哲学通过它的这样一种学说还在发挥着持续影响，这种学说主张每一门哲学只具有对其时代而言的相对合理性，这种学说在这个被声

称的绝对有效性体系之内所具有的意义当然完全不同于它被后代人接受时所带有的历史意义；后代人随着对黑格尔哲学之信念的丧失也失去了对一门绝对哲学的总体信任。黑格尔的形而上学历史哲学反转为一种怀疑的历史主义，这种反转本质上规定了新的“世界观哲学”的兴起，这种哲学如今似乎正在迅速地传播开来，而且，除此之外，这种哲学本身以其常常是反自然主义的、有时甚至是反历史主义的论战而根本无意成为怀疑哲学。然而，只要它在其整个意图与操作中不再表明自身还受到那种成为一门科学学说——即一门构成近代直至康德的哲学之主要特征的科学学说——之彻底意愿的主宰，那么，关于对哲学的科学本欲之削弱的说法便尤其与这种世界观哲学有关。

13　下面的论述带有这样的思想：人类文化的最高兴趣在于要求造就一门严格科学的哲学；因此，如果在我们这个时代的一种哲学
变革是合理的，那么它无论如何必须从这样一个意向中获得活力，294
即：对一门在严格科学意义上的哲学进行新论证。这个意向对于当代来说绝不是陌生的。它恰恰充分地活跃在流行的自然主义之中。自然主义从一开始便极为果断地遵循着对哲学进行严格科学改造的观念，自然主义甚至始终相信，它已经用其早期的和现代的形态实现了这个观念。但是，从原则上看，所有这些都是在这样一种形式中进行的，这种形式在理论上是根本错误的，正如它在实践上对我们的文化来说意味着一种增长的危险一样。如今，对自然主义哲学进行彻底的批判是一件重要的事情。相对于那些从结论中得出的单纯反驳性的批判而言，这里尤其需要一种对基础和方

法的积极批判。只有这种积极的批判才能够不间断地保持对一门严格科学哲学之可能性的信心，而这种信心现在正在受到威胁：受到这种建构在严格的经验科学之上的自然主义背谬后果的认识之威胁。本文第一部分的论述便被用来进行这种积极的批判。然而就我们这个时代的引人注目之变革而言，虽然这个变革——而这是它的权利——本质上具有反自然主义的趋向，但它似乎在历史主义的影响下仍然想偏离开科学哲学的路线而流入到单纯的世界观哲学中去。本文的第二部分将致力于对这两种哲学之区别的原则性阐释以及对它们的相对权利的思考。

自然主义哲学

14　自然主义是对自然之发现的结果现象，自然在这里是指一个按照精确的自然规律而在空间、时间存在的统一之意义上的自然。随着这个观念在不断更新的自然科学中、在奠基于大量严格认识上的自然科学中逐步得到实现，自然主义也一再地得到扩展。与此完全相似，在此之后，作为“历史的发现”和不断更新的精神科学之建立的结果现象，历史主义也得以形成。与流行的理解习惯相符，自然科学家趋向于将一切都看作是自然，精神科学家将一切都看作是精神，看作是历史构成物，并且据此来错误地解释那些不能被如此看待的东西。因此，就我们这里尤其所要关注的自然主义者而言，他所看到的只是自然并且首先是物理的自然。一切存在的东西，或者本身是物理的，隶属于物理自然的统一联系，或者虽是心理因素，但却只是依赖于物理因素而发生变化的东西，至多是一种派生的“平行的伴随性事实”。所有存在者都具有心理物理的自然，这是根据确定的规律而被明确规定了的。即使是在实证主义的意义上（无论这是一种依据于受到自然主义解释的康德的实证主义，还是一种对休谟进行改造和贯彻的实证主义），物理的自然以感觉主义的方式消融在感觉复合之中，消融在颜色、声音、压迫等等之中，而且与此相同，即使所谓心理因素也消融在同样的或其他的“感觉”之补充复合之中，以上所说的这种观点也不会发生一种对我们来说根本性的变化。

15　所有形式的极端而彻底的自然主义，从通俗的唯物主义到最新的感觉主义和唯能主义，它们的特征都在于，一方面是将意识自
然化，包括将所有意向—内在的意识被给予性自然化；另一方面是 295
将观念自然化，并因此而将所有绝对的理想和规范自然化。

16　就后一方面而言，自然主义将会不知不觉地扬弃自身。如果我们以形式逻辑为所有观念性的范例标志，那么，如所周知，形式逻辑的原则被解释为所谓思维规律，即被自然主义解释为思维的自然规律。我在其他地方已经详细地证明[①]，这种解释本身带有那种为所有确切意义上的怀疑理论所特有的背谬。人们也可以对自然主义的价值学、实践论，包括伦理学，进行类似的彻底批判，同样可以对自然主义的实践进行这种批判。因为在理论背谬性的后面不可避免地会跟随着在现时的理论的、评价的、伦理的行为中的背谬性（明见的不一致性）。总而言之，自然主义者在其行为中是观念主义者和客观主义者。他满怀着这样一种追求，即：以科学的

① 参阅我的《逻辑研究》第一卷，1900 年。

方式，也就是以对每一个理性的人都具有约束力的方式去认识：什么是真正的真、真正的美和善，应当如何根据普遍的本质来规定它，可以根据哪一种方法在个别的情况中获得它。自然主义者相信，可以通过自然科学和自然科学的哲学而大致地达到这个目的，而且，带着由这种意识所引发的兴奋之情，他现在是作为教师和实践改革者来倡导这种“自然科学的”真、善、美。但他是一个提出理论并误以为论证着理论的观念主义者，而这些理论恰恰否定了他在观念主义行为中所预设的东西，无论这种行为是对理论的构建，还是同时对作为最美的和最好的价值或实践规范的论证与推荐。即是说，只要他进行理论活动，只要他客观地提出评价所应遵循的价值，并且只要他同样提出每个人的意愿与行动所应遵循的实践规则，那么他便在进行着预设。自然主义者在教诲、在布道、在训
10 导、在改造[①]。但他否认那些为每一个布道、每一个要求本身按其意义所预设的东西。他只是并不会像古代的怀疑论那样用明确的语词（expressis verbis）来进行布道：唯一理性的事情就是否认理
296 性——无论是理论理性，还是价值理性和实践理性。他甚至会让自己远离这类说法。在他那里，背谬是不公开的；他自己并没有看到，这个背谬就在于他将理性自然化。

17　就这方面来看，争论实质上已经决出，即使实证主义的洪水以及在相对主义方面超出它的实用主义的洪水还在继续上涨。当然，这个状况恰恰表明，从结论中所得论据的实践有效力量是多么

① 我们在这里可以将海克尔（Häckel）和奥斯瓦尔德（Ostwald）看作是出色的代表人物。

微不足道。成见使人盲目，谁要是只看见经验事实，在内心只承认经验科学的有效性，他就并不感到自己会受到那些背谬结论的干扰，这些结论不能在经验中被证明为是与自然事实相悖的矛盾。他会将这些结论当作“经院哲学”而弃之不顾。但是，从结论中得出的论据在另一方面，即在那些能感受到其冲击力的人那里，却非常容易产生错误的影响。由于自然主义想将哲学建立在严格科学的基础上，并且想将哲学作为严格科学构建起来，而它看起来又显得完全不可信，因此，它的方法目的本身也就显得不可信；而且，另一方面有一种倾向蔓延开来，即认为严格的科学只能是实证科学，并且科学的哲学只能建立在实证科学的基础上，而这时，自然主义的这个方法目的就尤其显得不可信。然而这也只是一种成见而已，而为此便想要偏离严格科学的路线，这种意图是根本错误的。自然主义竭其精力而试图在自然和精神的所有领域中、在理论和实践中实现严格科学的原则，它竭其精力而追求对哲学的存在问题和价值问题作出科学的——在它看来是“精确科学的”——解决，而自然主义的这些精力也恰恰就是它的功绩所在，同时也是在我们这个时代中它的主要力量所在。也许在整个近代生活中都没有任何观念比科学的观念更强大地、更不可阻挡地向前挺进着。没有什么能够阻挡它的凯旋。事实上，就其合理的目的而论，它是无所不包的。如果设想它得到了理想的完善，那么它也就是理性本身，在它之外、在它之上也就不再可能有其他的权威。因而在这个严格科学的领域中肯定也包含着所有那些理论的、价值的和实践的理想；在对这些理想进行经验的重新阐释的同时，自然主义也歪曲了这些理想。

18　然而，一般的信念是无足轻重的，如果它们得不到论证的话，对一门科学的希望也是无足轻重的，如果通向其目的地的道路无法被认清的话。即是说，如果作为严格科学的哲学之观念不应对
297 这里所标识的问题以及其他本质相关的问题始终束手无策，那么我们就必须清楚地看到实现这个观念的可能性，通过对问题的澄清、对其纯粹意义的深入，必定会有这样一些方法以完全明晰的方式涌现给我们，这些方法是上述问题的特殊本质所要求的，因而适用于这些问题。我们必须做到这一点，而且，我们必须与此一致地获得对科学的生动—活动的(lebendig-tätig)信任，并且同时获得科学的真实开端。在这方面，只是从结论出发而对自然主义进行这种虽然有用而必要的反驳仍然是远远不够的。与此完全相反，我们还必须对自然主义的基础、它的方法、它的成就进行必要的积极的批判，而且始终是原则性的批判。由于这种批判在进行着区分和澄清，由于它迫使我们去追究那些大都含糊而多义地作为问题而被表述出来的哲学动机之本真意义，因而这种批判可以唤醒我们对更好的目的和道路的想象，并且积极地推动我们的意图。带着这个目的，我们要更详尽地来讨论这门被反驳的哲学所具有的、在上面已经得到特别强调的特征，即：将意识自然化。它与已涉及的怀疑结论所具有的更为深入的联系将会在下面自行显现出来，同样，我们所提出和论证的第二个指责，即与观念的自然化有关的指责，它所具有的范围也会自行得到理解。

19　我们当然不会将我们的分析批判与哲学的自然研究者所进行的那些毋宁是通俗的反思联结在一起，相反，我们所要探讨的是在

真正科学设施中出现的有学识的哲学。但我们尤其要探讨这门哲学所具有的一个方法和学科，它相信已经通过这个方法和学科而最终攀缘到了精确科学的等级之上。它确信已经可以轻蔑地俯视任何其他的哲学思考。即是说，其他的哲学思考与它的精确哲学思考相比，就像文艺复兴时期的浑浊的自然科学面对某个伽利略的青春勃发的精确力学，或者就像炼金术面对某个拉瓦锡的精确化学。如果我们现在来探问这门精确的、虽然还只是有限地得到扩展的哲学，探问它与精确力学的相似之处，那么人们会向我们指
出心理物理的心理学，尤其是实验心理学，没有人能够否认它具有 298
一门严格科学的地位。它被认为就是那门寻找已久，现在终于产生出来的精确科学的心理学；逻辑学和认识论、美学、伦理学和教育学通过它而终于获得了各自的科学基础，它们甚至已经充分地处在一个将自己改建成为实验学科的进程之中。此外，严格的心理学不言而喻地是所有精神科学的基础，同样也是形而上学的基础。当然，就形而上学而言，心理学并非是被偏好的基础，因为物理的自然科学也参与了对这门最普遍的现实性学说的奠基。

20 对此我们要提出如下的指责：首先，只要略作考虑便可以明察到，心理学作为事实科学根本不能为那些与所有规范化的纯粹原则、即纯粹逻辑学、纯粹价值论和实践论的原则相关的哲学学科提供基础。我们无须进行更为详尽的阐述：这种阐述必定会将我们带回到那些已经讨论过的怀疑的背谬性上去。但就认识论而言——它有别于在纯粹的普全数理模式（Mathesis universalis）意义上的纯粹逻辑学，后者本身与认识无关——，我们可以针对认识

论的心理主义和物理主义作出一些陈述，而在这里应当大致地说明以下几点。

21 所有自然科学就其出发点而言都是素朴的。对它来说，它所要研究的自然是简单地在此存在的。不言自明，事物存在着，作为静止的、运动的、变化的事物而存在于无限的空间之中，并且作为时间性的事物而存在于无限的时间之中。我们感知它们，我们在素朴的经验判断中描述它们。自然科学的目的就在于，以客观有效的、严格科学的方式来认识这种自明的被给予性。类似的情况
299 也适用于在扩展了的、心理物理的意义上的自然，或者说，也适用于那些研究着这种自然的科学，因而也就尤其适用于心理学。心理因素不是一个自为的世界，它是作为自我或自我体验（此外，这个词的意义有着很大的差异）而被给予的，而从经验上看，这类东西常常表明自身受到某些被称作身体的物理事物的束缚。这也是一个自明的在先被给予性。现在，心理学的任务便在于，在心理因素自明地在此所处的心理物理之联系中，科学地探究心理因素，客观有效地规定心理因素，发现它们的构成与变化、形成与消失的合规律性。所有心理学的规定都显然是心理物理的规定，亦即在最宽泛意义上的心理物理规定（我们从现在起便坚持这个意义），以至于它们具有一个永远不会缺少的物理共同含义。即使心理学——经验科学——的意图在于规定单纯的意识事件，而不在于通常的较为狭窄意义上的心理物理的依赖性，这些事件本身仍然被看作是自然的事件，即被看作是从属于人的或动物的意识，这些意识本身又具有与人的身体或动物身体的自明而共晓的联结。对自然关系的排斥将会使心理因素失去在客观时间上可规定的自然

事实的特征，简言之，失去心理物理事实的特征。因而我们坚持：每一个心理物理的判断自身都包含着对物理自然的实存设定，无论这种包含现在是明确的，还是不明确的。

22 据此而得到表明：如果有这样一些关键性的论据可以证明，物理的自然科学不是特殊意义上的哲学，它们永远不能被用作哲学的基础，并且只有根据先行的哲学才能获得为形而上学目的而进行的哲学评价，那么所有这些论据必定都可以直接运用在心理学上。

而现在我们绝不缺乏这类论据。

23 只需回忆一下“素朴性”便可；根据以上所述，自然科学是带着一种素朴性而将自然作为被给予的接受下来，这是一种在自然科学中可以说是不朽的素朴性，例如，每当自然科学在其进程中达到一个向素朴经验回溯的地方时，这种素朴性都会一再地重复自己——而所有经验科学的方法最终都恰恰会回归到经验之上。诚然，自然科学在它自己的方式中也是极具批判性的。单纯分散的经验即使众多，自然科学也远远不会满足。在对经验的方法排列和联结中，在经验与思考之间具有逻辑确定之规则的相互作用中，有效和无效的经验得到区分，每一个经验都获得其分等的有效价值，而客观有效的认识、自然认识便得以形成。我们只要还处在自然科学之中，并且还在它的观点中思考，这种经验批判便能够满足我们。但尽管如此，一种完全不同的经验批判仍然是可能的，而且是不可或缺的，这是一种对整个经验一般提出质疑并且同时对经验科学的思维提出质疑的批判。

24 作为意识的经验如何能够给予一个对象或切中一个对象；经验如何能够通过经验来相互证明或相互纠正，而不仅仅只是主观

地扬弃自身或主观地加强自身；一个经验逻辑意识的游戏如何会意味着客观的有效，意味着对自在、自为存在事物的有效；意识的游戏规则为何对事物并非无关紧要；为什么自然科学应当在任何一个方面都是可以被理解的，只要它以为在其每一个步骤中都设
300 定了并认识了自在存在的自然——相对于意识的主观河流而言的自在存在——一旦反思严肃地朝向这些问题，它们便都变成了谜。如所周知，认识论这门学科想要回答这些问题，但至今为止也没有在科学上清晰地、一致地、决断性地回答这些问题，虽然那些伟大的研究者们在这些问题上已经进行了所有那些思维劳作。

25　如果我们维持在这个问题的水准上，那么只需要严格地保持前后一致（而所有至此为止的认识论显然缺乏这种一致），我们就可以明察到一门"自然科学认识论"的背谬，也就是说，我们同样可以明察到任何一门心理学认识论的背谬。一般说来，如果自然科学的某些谜是原则上内在的，那么不言而喻，对它来说，根据前提和结果而进行的解谜就原则上是超越的。如果我们想期待自然科学本身来解决任何一个附着于自然科学本身的问题，即一个完全贯穿地、自始至终地附着于它的问题，或者甚至只是认为，自然科学可以为解决这样一个问题提供某些前提，那么这都将意味着我们置身于一个背谬的循环之中。

26　很明显，在一门应当保持其一致意义的认识论中，任何一种对自然的科学设定与任何一种对自然的前科学设定都必须始终被排斥，并且因此，所有隐含着对事物性连同空间、时间、因果性等等的理论实存设定的陈述也必须始终被排斥。这一点显然也延伸到所有那些与研究者的此在、他们的心理能力等等有关的实存设定上。

27　此外，如果认识论仍然想要研究意识与存在的关系问题，那么它就只能将存在看作是意识的相关项（Correlatum），看作是合乎意识地“被意指之物”：看作是被感知之物、被回忆之物、被期待之物、被图像表象之物、被想象之物、被认同之物、被区分之物、被相信之物、被猜测之物、被评价之物，以及如此等等。人们尔后便会看到，研究的方向必须朝向一种对意识的科学本质认识，朝向意识 301
本身在其所有可区分的形态中按其本质之所“是”的东西，但同时也朝向意识所“意指”的东西，以及朝向那些各种不同的方式，意识便以这些方式——根据它的各种形态的本质，时而清晰、时而含糊，时而当前呈现地、时而当前化地，时而符号性地、时而图像性地，时而素朴地、时而经过思维中介地，在这种或那种关注式中，并且如此而在无数其他的形式中——意指着对象之物，并且有可能将它“表明”为“有效”、“现实”的存在之物。

28　任何一类对象，如果它想成为一种理性话语的客体，想成为一种前科学认识、尔后是科学认识的客体，那么它就必须在认识中，也就是在意识中显示自身，并且根据所有认识的意义而成为被给予性。所有意识种类，只要它们在认识的标题下受到所谓目的论的调整，并且更进一步说，只要它们根据不同的对象—范畴而得到分类——作为与它们特别相符的认识功能类型而得到分类——那么它们就必定可以得到研究，即在它们的本质联系中以及在它们对其所含的各种被给予性意识形式的回溯中得到研究。这样，所有认识行为都会面临的合法性问题的意义便必定可以不言而自明，被论证的合法性证明之本质以及观念的可论证性或有效性的本质便必定可以得到澄清，而且这是对所有认识阶段而言，在最高

阶段上则是对科学认识而言。

29 对象性存在着，并且在认识上表明自身存在着，而且是如此地存在着；这样一种说法必须纯粹从意识本身出发而成为明见的，并因此而成为完全明晰的。为此而需要研究整个意识，因为意识会以它的所有形态出现在可能的认识功能之中。但只要任何一个意识都是“关于……的意识”(Bewußtsein von)，那么对意识的本质
302 研究也就包含着对意识之意指和意识之对象本身的本质研究。根据其普遍的本质来研究某一类型的对象性(这种研究可以去关注那些远离认识论和意识研究的兴趣)，这就意味着，探讨这些对象性的被给予方式，并且在从属的“澄清”过程中穷尽它们的本质内涵。哪怕这里的观点不是那种朝向意识方式及其本质研究的观点，澄清的方法也会带有这样的结果：即使在这里也无法缺少对被意指方式和被给予方式的反思。但反过来，对于意识的本质分析而言，对所有对象性的基本种类的澄清无论如何是不可或缺的，这种澄清因此而一同包含在意识的本质分析之中；而在认识论的分析之中就更是会包含着这种对象性澄清了，认识论的分析甚至将相关性的研究就视作自己的任务。据此，我们将所有那些即使是相对可分的研究都纳入到现象学的标题下面。

30 我们因此而涉及一门科学——我们的同时代人还无法想象它的巨大范围——这门科学虽然是关于意识的科学，却不是心理学，它是一门与关于意识的自然科学相对立的意识现象学。由于这里所涉及的不是一个偶然的歧义，因而事先就可以预料，在现象学与心理学之间必定存在着密切的关系，只要它们两者都与意识有关，虽然是以不同的方式，以不同的“观点”；我们以此而想表达的是：

心理学与“经验意识”有关,与经验观点中的意识有关,这种意识是自然联系中的此在者;相反,现象学则与“纯粹”意识有关,即与在现象学观点中的意识有关。

31　如果这是正确的,那么就会有这样的结果产生出来:尽管心理学实际上不是哲学并且也不可能是哲学,但出于根本性的原因,心理学必然与哲学相距较近,并且它的命运就在于,它必然始终与哲学最紧密地结合在一起。最后,我们可以预见到:任何一门心理主义认识论之所以得以形成的原因必定在于,在偏离开认识论问题之本真意义的情况下,它对经验意识与纯粹意识作出一种或许是易于理解的混淆,或者换言之,它将纯粹意识“自然化”。

实际上这就是我的看法,在下面还会对它进行若干阐释。

32　诚然,刚才在泛泛的提示中、尤其是就心理学与哲学之间亲缘性所谈到的那些东西,很少适合于现代的精确心理学,这种心理学对于哲学来说实在不可能更陌生了。但是,纵使这种心理学凭借实验的方法而将自己看作是唯一一门科学的心理学,并且可以自上而下地去俯视那些“书桌—心理学”,我仍然不得不声明:若以为它就是那种心理学,即完全意义上的心理学科学,那么这种看法将是一个有严重后果的错误。贯穿在这门心理学中的基本特征是撇开任何直接的和纯粹的意识分析——即对那些在不同的可能的内在直观方向中呈现出来的被给予性所进行的系统“分析”和“描述”——,只去进行所有那些对心理学的或在心理学上相对重要之事实的间接确定,而这些事实在不经上述意识分析的情况下具有 303
一种至少可以外在地得到理解的意义。就它对心理—物理规则所

进行的实验确定而言，这门心理学所依据的恰恰是粗糙的类概念，诸如：感知、想象直观、陈述、计算与误算、测度、再认、期待、保留、遗忘等等；当然，它们用于操作的这些概念的基础反过来也限定了它所作出的各个确定以及它所能达及的各个确定之范围。

33 或许可以说，实验心理学与原心理学的关系就类似于社会统计学与原社会学的关系。这样一种统计学收集着珍贵的事实，在它们之中发现珍贵的规则，但却是那种极为间接的事实和规则。唯有一门原社会学才能对它们进行阐发的理解、真实的解释，这种原社会学也就是指一门使社会学现象直接地被给予，并且根据这些现象的本质来进行研究的社会科学。与此相似，实验心理学是一种方法，它可以确定珍贵的心理物理事实和规则，但如果没有系统的、对心理因素进行内在研究的意识科学，这些事实和规则便不可能得到更为深入的理解和最终科学的评价。

34 精确心理学并没有意识到，这里便是它的运作的一个巨大缺陷所在，而且它越是激烈地反对自身观察的方法[①]，越是竭力想通过实验方法来克服这种方法的缺陷，它也就越是意识不到这一点；但对于这里所要做的工作来说，可以证明，这种实验方法是无能为力的。这里的实事恰恰是心理的实事，然而它的压迫过于强大，以至于这里时而也会有意识分析进行。只是这些意识分析通常带有现象学的素朴性，它与那种无可置疑的严肃性形成奇特的对照，心理学正是带着那种严肃性来追求精确，并且在某些领域中（如果就其目的而言说得谦虚的话）也达到了精确。后一种情况是指：那些

① “自身观察”（Selbstbeobachtung）的方法也被译作“内省法”。——译注

实验性的确定涉及一些主观感性的现象，对这些现象的描述和标 304
识完全可以像对“客观”现象的描述和标识那样进行；即：无须将任何可过渡到本真意识领域之中的概念与澄清纳入进来；此外，后一种情况还意味着：那些实验性的确定关系到一些大致得到界定的本真心理因素的类型，它们无须更为深入的意识分析而从一开始就可以充分地呈现出自身，只要人们愿意放弃对这些确定的本真心理学意义进行追究。

35　但所有彻底的心理学在偶尔进行分析时都会发生偏差，其原因在于，只有在一门纯粹的和系统的现象学中，这里需要做的工作的意义和方法才会表露出来，同时得到表露的还有在意识差异方面的巨大财富，而对于那些没有方法经验的人来说，这些意识差异是毫无区别地交融在一起的。以此方式，现代的精确心理学恰恰是因为它已经将自己视之为方法上完善的和严格科学的，从而实际上也就成为不科学的，无论它怎样想去追究那些出现在心理物理规则中的心理因素的意义，也就是说，无论它怎样想努力去获取真实的心理学理解；这一点反过来也表现在所有这样一些情况中，即：在人们努力获取更深入认识的过程中，对心理因素的未澄清的表象之缺陷将会导致含糊不清的提问，并因此而导致单纯的虚假结果。只要涉及对交互主体的事实联系的确立，实验方法便是不可或缺的。但它预先设定了一个无法由实验来完成的东西，即对意识本身的分析。

36　少数几个心理学家，如施顿普夫(K. Stumpf)、利普斯(Th. Lipps)以及其他一些与他们相近的人，已经认识到实验心理学的缺陷，他们能够尊重由布伦塔诺所作出的在伟大意义上的划时代

推动，并且努力去继续由他开始的对意向体验的分析描述研究；但他们或是没有得到实验方法的狂热信徒们的充分承认，或是只有当他们进行实验活动时才仅仅在这方面得到尊重。而且他们还一再被攻击为经院学者。未来的人们将会感到十分惊奇：近代第一次严肃的、以唯一可能的内在分析方式，或者我们可以更明晰地说，以本质分析的方式对内在进行研究的尝试，何以会被斥作是经院学者，并且被撇在一边。这里的原因无非在于，这些研究的自然出发点是对心理的通俗语言标识，尔后，在这些标识的含义得以成活的过程中，问题便会指向那些与此种标识首先是含糊而歧义地相关联的现象。当然，经院论的本体主义也受语言的引导（这并不是说，所有经院论的研究都是本体主义的研究），但它的失误就在于从语词含义中得出分析判断，在于认为以此便获得了对事实的
305 *22* 认识。现象学的分析家根本不从语词概念中获取判断，而是看入到那些由语言借助于相关的语词而唤起的现象中去，或是深入到那些构成对经验概念、数学概念等等完全直观之实现的现象中去——难道为此也应被打上经院学者的烙印吗？

37　需要考虑的是：所有心理因素，只要它们作为心理学以及现象学的第一研究客体是在完全具体的情况中被接受，它们便都具有一个或多或少复合的“关于……的意识”的特征；这个“关于……的意识”具有各式各样的丰富形态；所有那些在研究初始被用来进行自身阐述和客观描述的表述都是流动的和多义的，因此，不言而喻，最初的开端只能是对那些首先可见的、最粗糙的歧义作出澄清。对科学语言的最终确定以对现象的完备分析为前提——这是一个遥远的目标。而只要这个分析尚未完成，那么从外表上看，研

究的进步便还是在一个大范围中进行，并且是以这样一种形式进行，即：证明那些在以往研究中被误认为已确定下来的概念所具有的新的、现在才可见的多义性。这显然是不可避免的，因为它根植于实事的本性之中。尔后便可以去评判，那些心理学精确性和科学性的天职维护者们是带着什么样的理解深度和蔑视方式在谈论“单纯字面的”、单纯“语法的”和“经院的”分析。

38 在激烈反对经院学说的时期曾有这样的战斗口号：抛弃空洞的语词分析。我们必须探问实事本身。回到经验，回到直观，唯有它们才能赋予我们的语词以意义和合理的权利。这是完全确切的！但什么是实事，什么是我们在心理学中必须回溯于其上的经验？难道我们在实验中通过提问而从受实验者那里获得的陈述就是实事？而对他们的陈述的阐述就是关于心理的“经验”？实验主 306
义者们自己会说，这只是派生的经验；原生的经验是处在受实验者本身那里，而在实验着、解释着的心理学家这方面，原生的经验则处在他们自己以往的自身感知之中，这些自身感知完全有理由不是自身观察，完全有理由可以不是自身观察。实验主义者们非常自豪的是，他们在对自身观察的批判方面以及在对那种仅仅建基于自身观察之上的书桌—心理学的批判方面占了上风，他们如此地构建了实验方法，使它只是“在偶然的、非预期的、非有意引入的经验的形式中”利用直接的经验[①]并且将那些受到恶意中伤的自身观察完全排斥出去。撇开这里的强烈夸张不论，即使在这同一

① 对此可以参阅冯特（W. Wundt）的《逻辑学》（*Logik*），第二卷，第二版，第 170 页。

个趋向上还无疑地存在着好的东西，但另一方面也必须指出这门心理学的一个在我看来是原则性的失误，即：它将那些在对陌生经验的同感理解中进行的分析，同样也将那些在同时未被注意的本己体验基础上进行的分析，与一种（即使是间接的）物理自然科学的经验分析置于同一个层面上，它以此方式实际上便相信：它在原则相同的意义上是一门关于心理的经验科学，就像物理的自然科学是关于物理的经验科学一样。它忽略了某些意识分析的种类特性，这些意识分析必须先行，这样，素朴的经验（无论它们现在是观察的经验，还是不观察的经验，无论它们是在现时的意识当前范围内进行的经验，还是在回忆或同感范围内进行的经验）才能够成为科学意义上的经验。

让我们来试着说明这一点。

39 心理学家们认为，他们的所有心理学认识都归功于经验，即归功于那些素朴的回忆或回忆中的同感，据说它们是借助于实验的方法艺术才成为经验推理的基础。然而，对素朴经验被给予性的描述，以及与此并肩进行的对这些经验被给予性的内在分析和概念把握，这些都是借助于概念基础来进行的，这些概念的科学价值对于所有其他的方法步骤来说是决定性的。略作思考便可以明察到，由于实验性提问的和方法的整个本性所至，这些概念在进一步的操作中始终没有被涉及，因此可以说，它们是自己进入到最终结果中，即进入到被要求的科学的经验判断中。另一方面，它们的科
307 学价值不可能从一开始便在此，也不可能产生于那些受实验者的和实验引导者的众多经验之中，这种价值根本不可能从经验确定中逻辑地获取：而这便是现象学本质分析所处的位置。对于自然

主义的心理学家来说，这种现象学的本质分析听起来是不寻常的和不系统的，即便如此，它也决不是并且不可能是经验分析。

40 自洛克以来直至今日，有两种信念被混为一谈：一种是从经验意识发展史中获得的信念（它也是心理学的预先设定），即每一个概念表象都“产生于”以往的经验之中；另一种信念是指，每一个概念都是从诸如描述性的判断中获取在其可能使用方面的合法根据；而这一点在这里便意味着：只是在对现实的感知或回忆所提供的东西的观看中，才能找到经验意识之有效性的合法根据，找到它的有本质性或无本质性的合法根据，以及进一步找到它在现有的个别情况中的有效可用性的合法根据。我们描述地运用感知、回忆、想象、表象、陈述等等这样一些语词。这里的任何一个语词都指示着内在构成部分的丰富性，我们并没有在被描述之物中分析地找到这些构成部分，而是以对被描述之物“立义”的方式将这些内在的构成部分纳入到被描述之物中。难道在通俗的意义上，在那种含糊的、完全混乱的意义上——我们不知道这些词语是如何在意识“历史”上获得这些意义的——使用这些语词就足够了吗？即使我们知道这一点，这种历史对我们又有什么用，它不会改变这样一个事实，即：这些含糊的概念是含糊的，并且由于它们自己所具有的这种特征而显然是不科学的。只要我们没有更好的概念，我们便尽可以去使用它们，并且同时相信，为了生活实践的目的已经用它们作出了足够的、粗略的区分。但如果一门心理学没有对那些规定着其客体的概念进行科学的确定和方法的加工，这门心理学难道能够配得上“精确性”的称号吗？当然不能，就像一门满足于重、热、量等等这些日常概念的物理学配不上“精确性”这个称

号一样。现代心理学不想成为关于“心灵”的科学，而想成为关于“心理现象”的科学。如果它真想成为这种科学，它就必须在概念的严格性中描述和规定这些概念。它必须已经在方法工作中获得了这些必要的、严格的概念。可是在“精确的”心理学中，何处曾进行过这种方法工作呢？我们在众多的文献中对此进行寻找，而结果却是徒劳。

41　自然的、“混乱的”经验如何会成为科学的经验，客观有效的经验判断如何能够得到确定，这个问题是任何一门经验科学方法上的基本问题。它不必以抽象的方式，至少不必以哲学上纯粹的方
308 式被提出和被回答：在历史上，它已经通过行动而得到了回答，确切地说，经验科学的天才开创者们具体地和直观地把握到了必然经验方法的意义，并通过他们在一个可达及的经验领域中进行的纯粹探究而使一部分客观有效的经验规定得以形成，并且因此而使这门科学得以开始。他们并不将这种先行活动的动机归功于某种天启，而是归功于对经验本身之意义的深入，或者说，对在经验中被给予的“存在”之意义的深入。因为，尽管它是“被给予的”，这种被给予也只是在“含糊的”经验中“混乱地”被给予，故而必定会有这样的问题出现：现在真实的情况如何，如何来客观有效地规定它；在这里，“如何”是指：通过哪些更好的“经验”以及哪些纠正性的“经验”——通过哪种方法。如所周知，就外部自然的认识而言，从素朴经验到科学经验，从含糊的日常概念到完全明晰的科学概念，这个关键性的步骤乃是通过伽利略才得以完成的。在心理认识方面，在意识领域的认识方面，我们虽然有“实验—精确的”心理学，它自认为是精确的自然科学的完全合法的对应项——但即使它自己根本

没有意识到这一点，它在主要的方面仍然处在前伽利略时期。

42 诚然，它自己没有意识到这一点，这或许是令人惊讶的。我们的理解是，在科学之前的素朴自然探索术(Naturkunde)并不缺少自然经验，即并不缺少所有那些在自然经验本身之联系中不能借助于自然—素朴的经验概念而被制作出来的东西。他们在其素朴性中只是没有想到，事物是有一个“自然”的，而这个自然是可以通过某些精确的概念而在经验—逻辑的进程中得到规定的。但带着它的那些机构和精密设施，带着它的敏锐地设想出来的方法，心理学完全有理由感觉到自己已经超越出以往时代的素朴的经验心灵探索术(Erfahrungsseelenkunde)的层次之上。尤其是它也并不缺少对方法所进行的一再更新的反思。否则，它怎么会忽略这个原则上最为本质的东西呢？它怎么会忽略这一点，即：为它的那些甚至是不可或缺的纯粹心理学概念必然地赋予一个内容，这个内容不是简单地取自于那些在经验中真实地被给予之物，而是被运用在这个被给予之物之上？它怎么会每当接近心理的意义时便不可避免地要对这些概念内容进行分析，并且承认相应的现象学联系是有效的，这些联系被它运用在经验上，但却相对于经验而言是先天的？它怎 309
么会忽略这一点，即：只要实验方法真的想进行心理学的认识，它的前提就不能通过它自己来论证，而且它的进程根本有别于物理学，因为物理学原则上恰恰要排斥现象之物，以便去寻找那个在其中展示出自身的自然；而心理学却正想成为一门关于现象本身的科学？

43 现在，心理学恰恰能够并且必须忽略所有这一切，这是由于它所持的自然主义观点，由于它极为热情地仿效自然科学并将实验进程看作是主要任务。在它对心理物理实验可能性所作的艰苦的、常

常是敏锐的思考中，在对实验的试验程序的设想中，在对最细微的设施的构建中，在它对可能的错误源泉的查找中，以及在如此等等的劳作中，它恰恰疏忽了对这个问题的更深入探究：可以通过何种方法来使那些本质上已进入到心理学判断之中的概念摆脱其混乱的状态，达到明晰的和客观有效状态。它疏忽了对此问题的考虑：心理因素在何种程度上不是对一个自然的展示，而是具有一个“本质”，这个本质是它所特有的本质，它可以在所有心理物理学之前便得到严格的并且完全相适的研究。它没有考虑，心理物理经验的“意义”何在，心理意义上的存在会自发地向方法提出何种“要求”。

44　经验心理学从它18世纪的开始以来便不断地受到困扰，这种困扰来自以物理—化学方法为样板的自然科学方法之欺骗形象。人们十分地确信：原则一般地看，所有经验科学的方法都是同一个，因此，在心理学中的方法也就是在关于物理自然的科学中的方法。正如形而上学长期以来便受困于或是对几何学、或是对物理学的错误效法一样，同一个过程也在心理学这里重复。并非无关紧要的是这样一个事实：实验—精确心理学的父辈都是生理学家和物理学家。真正的方法所追随的是被探究的实事的本性，而不是去追随我们的成见和榜样。自然科学的工作是在素朴—感性现
310 象中将那些客观事物连同其精确的客观属性从事物的含糊主体性中提取出来。于是人们对自己说，心理学也必须如此对素朴见解的心理学—含糊之处作出客观有效的规定，而客观的方法可以做到这一点，这种方法不言而喻就是自然科学中的实验方法，它已经通过无数次的成功而得到了辉煌的证实。

45　然而，经验的被给予性如何得到客观的规定，而“客观性”和

“对客观性规定”各自具有何种意义，实验方法可以接受何种功能，这些都取决于这些被给予性的本己意义，或者说，取决于有关经验意识(作为一种恰恰对这个而非对那个存在者的意指)根据其本质所赋予这些被给予性的意义。追随自然科学的榜样，这几乎就不可避免地意味着：将意识事物化，而这从一开始就会将我们织入到背谬之中，由此便会一而再、再而三地流露出朝向背谬的提问和错误的研究方向的趋向。让我们来更切近地考虑这个问题。

46 空间和时间的物体世界是唯一确切意义上的自然。所有其他的个体此在、心理因素都是在第二意义上的自然，而这便规定了自然科学方法与心理学方法的根本本质区别。原则上，唯有物体的此在才可以在众多直接经验中，即在感知中，作为个体同一者而被经验到。当各个感知被看作是由各个“主体”所分别具有时，唯有这个同一者才能被许多主体经验为一个个体同一者，并且被描述为交互主体的同一自身(Selbiges)。同一的事物性(事物、过程等等)处在我们所有人的眼前，并且可以被我们所有人根据它们的“自然”来加以规定。但它们的“自然”意味着：在对多重变换的“主观显现”的经验中展示着自身的同时，它们仍然是作为或持久或变化的各种特性之时间统一而处于此，而且它们是处在一个将它们一切都联结在一起的联系之中，这个联系是同一个物体世界连同同一个空间、同一个时间的联系。它们是它们之所是，但只有在这个统一中，只有在相互的因果关系或相互的联结之中，它们才获得它们的个体同一性(实体)，获得这个“实在属性”的载者。所有事物—实在的属性都是因果的。每一个物体此在都服从可能变化的规律，而这些规律涉及同一个东西，即事物，不是自为的事物，而是 311

在统一的、现实的和可能的同一自然联系中的事物。每一个事物都具有它的“自然”(作为它之所是的总和,它是指:这个同一之物),因为它是在同一个大全自然之内诸因果性的统一点。实在的(事物—实在的、物体的)属性标志着一个同一之物在因果规律上得到先示的变化可能性,也就是说,这个同一之物就其所是而言只有通过向这些规律的回溯才能得到规定。但事物性是作为直接经验的统一、作为杂多感性现象的统一而被给予的。这些在感性上可把握的不变、变化与变化依赖性始终为认识提供着指引,而且它们对认识来说仿佛就起着“含糊的”媒介的作用,在此媒介中展示着真实、客观、物理—精确的自然,并且在这一切之中都贯穿着思维(作为科学的经验思维)对真实之物的析出规定和析出构造[1]。

47 所有这一切都不是某些虚构地附加给经验的事物和对事物之经验的东西,而是不可取消地从属于它们的本质的东西,而且是如此地从属,以至于每一个对事物之真实所是——这个事物作为被经验之物始终显现为某物、存在者、被规定者,并同时显现为可规定者——的直观而一致的研究,都必然被引渡到因果联系之中,并且最终在对相应的作为合规律属性的客观属性的规定中得以完成。因而自然科学所坚持探究的只是这样一些东西的意义,可以说,它们也就是作为被经验之物的事物本身所要求的东西。自然科学非常含糊地将此称作:“排斥第二性质”,“排斥在现象上的单纯主体因素”,“坚持剩余下来的第一性质”。然而这不仅仅是一种

① 在这里需要注意的是,自然科学的直观和思维始终是在现象性这个媒介中活动,而这个媒介并没有成为自然科学思维本身的课题。它现在成为新的科学的课题,成为心理学(也包括相当一部分的生理学)和现象学的课题。

含混的表达，这是对其好的运行而言的坏的理论。

48　现在我们要转向“心理”的“世界”并且要限制在那些“心理现象”上，即那些被新的心理学看作是其客体领域的“心理现象”——也就是说，我们首先不去考虑那些与心灵和自我有关的问题。因此我们要问，是否在每一个对心理的感知中也像在每一个物理经 312
验和事物感知的意义上一样包含着“自然”客体性呢？我们马上看到，心理领域中的情况完全不同于物理领域中的情况。心理将自身划分到(这个说法只是比喻，而不是在形而上学的意义上)各个单子之上，这些单子没有窗户，只能通过同感来进行交往。心理存在、作为“现象”的存在，原则上不是一个可以在诸多特殊感知中作为个体同一统一而被经验到的统一体，甚至不是在对同一个主体的诸多感知中的统一体。在我看来，在心理领域中不具有现象和存在的区别，并且，如果自然是一个在现象中显现的此在，那么这些现象本身(心理学家将它们看作是心理的东西)并不重又是一个通过后面的现象而显现出来的存在——任何一个对任意现象之感知的反思都可以明晰地指明这一点。因此可以看出：实际上只有一个自然，即在事物现象中显现着的自然。所有那些被我们在心理学的最宽泛意义上称作心理现象的东西，自在和自为地看，都只是现象，而不是自然。

49　因此，一个现象不是一个“实体的”统一，它不具有“实在的属性”，它不带有实在的部分，不带有实在的变化和因果性：所有这些话语都是在自然科学的意义上被理解的话语。将自然归诸给现象，探问现象的实在规定部分，研究现象的因果联系——这是一种纯粹的背谬，这无异于想去询问数字的因果属性、联系等等。这是自然化的背谬，自然化在这里是指对这样一个东西的自然化，这个东西的本质排除了作为自然的存在。一个事物就是它之所是，并在它的同一性中永远是它之所是：自然是永恒的。那些实际上归属于一个事物——自然事物，不是实践生活中的感性事物，不是“如其感性地显现出来的”事物——之实在属性或属性变异的东西，是可以得到客观有效规定的，并且可以在不断的新经验中得到证实或纠正。而另一方面，一个心理的东西、一个“现象”则会来了又去，它不表明任何恒久的、同一的存在，不表明那种本身可以在自然科学意义上得到客观规定的存在，例如被规定为在构成部分中客观可分的、在本真的意义上“可分析的”。

50 心理存在“是”什么，对此我们无法从同一个对物理有效之意
313 义上的经验那里得知；心理甚至不被经验为显现者；它是“体验”，并且是在反思中被直观到的体验，它通过自身而显现为自身，在一条绝对的河流中，作为现在和已经“渐减着的”（abklingend），以可直观的方式不断向一个曾在（Gewesenheit）回落。心理也可以是被再回忆的东西，并因此而可以是以某种变异的方式被经验的东西，而在“被再回忆的东西”中包含着“曾被感知的东西”；并且它可以“一再地”是被再回忆的东西，在各个统一于一个意识的再回忆中，这个意识将这些再回忆又意识为被再回忆的东西，或意识为还在把握之中的东西。在这个联系中，在这个唯一的联系中，作为这些“重复”的同一之物，心理可以先天地“被经验为”并且被认同为是存在着的。这样，我们同样可以明见地说，所有心理，即所有如此被经验到的东西，都可以被纳入到一个包容性的联系之中，纳入到一个“单子的”意识统一之中，一个不再与自然、空间和时间、实

体性和因果性相关，而是具有其完全独特“形式”的统一。这是一条两方面无边无际的现象流，带着一条贯穿的意向主线，它可以说就是那个穿透一切的统一的标记，即那个无始无终的内在“时间”主线，这是一种无法用计时器来测量的时间。

51　当我们在内在直观中追复观看(nachschauen)现象流时，我们从一个现象走到另一个现象(每一个现象都包容着一个在此河流中的统一并且也包容着在流动中的自身)，并且永远只能走向现象。唯有当内在直观和事物经验得到综合时，被直观的现象(即在内在直观中纯粹被直观之物)与被经验的事物才会发生联系。通过事物经验和这种关系经验的媒介，同感便作为一种对心理的间接直观而出现，它的特征在于，它是一种对一个第二性的单子联系自身的看入(Hineinschauen)。

52　现在，在这个领域中，类似于理性研究、有效陈述这样一种东西究竟在何种程度上是可能的呢？就像我们刚才作为最粗糙的(完全撇开各个维度不论)描述而给出的那样一种陈述究竟在何种程度上是可能的呢？不言而喻，这里的研究将会是有意义的，只要它纯粹地献身于那些作为对“心理”的经验而给予自身的“经验”的意义，只要它在这里如此地接受“心理”，并试图如此地规定“心 314
理”，就像它，这个如此被直观的东西，可以说是要求被接受和被规定的那样。也就是说，只要人们首先不去进行背谬的自然化。我们说过，必须如此地接受现象，就像它们自身给予的那样，即：作为它们之所是的这个流动着的意识到、意指、显现，作为这个前景意识到和背景意识到，作为意识到的当下呈现之物(Gegenwärtiges)或前当下呈现之物(Vorgegenwärtiges)，作为被想象之物或被符

号化之物或被映像之物，作为直观性的东西或空乏表象性的东西，如此等等。在这里，这些现象也在这个或那个观点的变换中，在这个或那个关注模式的变换中进行着这样或那样的反转和变形。所有这一切都带有“关于……的意识”、“具有”一个“含义”以及“意指”一个“对象之物”的标题，而“对象之物”——无论从某个立场出发将它称作“臆造”还是称作“现实”——可以被描述为“内在对象之物”、“被意指之物本身”，它在这个或那个意指模式中被意指。

53　人们可以顺应这个“经验”领域的意义，在这里进行研究、进行陈述、在明见性中进行陈述，这是绝对明见的。当然，正是对上述要求的坚持才是困难所在。这里所要进行的研究是一致的还是背谬的，这完全取决于“现象学”观点的一贯性和纯粹性。我们并不容易克服那种原生的习惯，即在自然主义的观点中生活和思考，并因此而对心理进行自然主义的歪曲。此外，明察到这一点也非常重要：事实上，一种对心理（在这里所使用的最宽泛的现象之物的词义上）的“纯粹内在”研究是可能的，这种研究的特征刚才已经得到一般的描述，它对立于那种对心理的心理—物理研究，这后一种心理—物理的研究尚未被我们考虑过，它当然也有自己的权利。

54　现在，如果内在的心理本身不是自然，而是自然的对应项，那么我们所研究的心理因素之“存在”究竟又是什么呢？难道它不是那个在“客观”同一性中可以被规定为具有一再可把握、经验科学地可规定和可证实的实在属性的实体统一吗；难道它不是那个可以从永恒之流中被提取出来的东西吗；难道它是一个不能成为交互主体有效性之客体的东西吗——我们如何能够把握到它，规定

它，将它作为客观统一确定下来？但对此必须做如下的理解，即：我们始终停留在纯粹现象学的领域以内，并且不去考虑与事物经验的身体和与自然的联系。这样，答案便是：如果现象本身不是自然，那么它们便具有一个在直接的观看中可把握的、并且是全适地(adäquat)可把握的本质。所有那些通过直接的概念来描述现象的陈述都在进行着这种全适的本质把握，只要这些直接概念是有效的，也就是说，只要它们是本质概念，是一些必定可以在本质直观中得到兑现的概念语词含义。

55 应当正确地把握这个所有心理学方法的最终基础。我们所有 315
人起先都处在自然主义观点的束缚之中，它使我们无法撇开自然不顾，并且因此也使我们无法在纯粹的、而非心理物理的观点中将心理作为直观研究的对象，这种束缚阻碍了通向一门伟大的、有着无比丰富成果的科学的道路，这门科学一方面是一门完全科学的心理学的基本前提，另一方面则是一个真正的理性批判的领域。原生的自然主义的束缚还表现在：它使我们难以看到“本质”、“观念”；或者，由于我们可以说是始终看到这些“本质”、“观念”，因而不如说：它使我们难以承认这些“本质”、“观念”的本己特性，而是相反地对它们进行背谬的自然化。本质直观并不比感知隐含更多的困难或“神奇的”秘密。如果我们在直观上使“颜色”成为充分的清晰性、充分的被给予性，那么这个被给予之物便是一个“本质”，同样，如果我们在纯粹直观中例如从一个感知看到另一个感知，从而使“感知”、感知的自身之所是——在随意的、流动的各个感知单数中的同一者——成为被给予性，那么我们便以直观的方式把握到了感知这个本质。直观、直观性的意识到伸展得有多远，相应的

“观念化”（如我在《逻辑研究》中通常所说）或“本质直观”便伸展得有多远。直观在多大程度上是纯粹的，在多大程度上不带有任何超越的共指（Mitmeinung），被直观到的本质便在多大程度上是一个全适地被直观到的东西、一个绝对的被给予之物。即是说，纯粹直观的统辖区也包容着为心理学家所占据的整个区域，即“心理现象”的领域，只要他是纯粹自为地、在纯粹的内在性中来接受这些现象。这些在本质直观中被把握到的本质可以在坚实的概念中得到确立，至少是在相当大的范围内得到确立，并且，它们因此而为坚实的和以其方式客观而绝对有效的陈述提供了可能；对于每一个无成见的人来说，这都是不言而喻的。最底层的颜色差异、最终的微差或许会嘲笑这种确立，但与“声音”不同的“颜色”是一个如此可靠的区别，以至于在整个世界上没有什么比这更可靠了。而这样一种绝对可区分或可确立的本质不只是感性“内容”和现象（“可见事物”、幻象以及其他等等）的本质，而且也是所有确切意义上的心理因素的本质，是所有自我—“行为”和自我—状态的本质，它们与那些已知的标题相符合，如感知、想象、回忆、判断、感情、意愿，连同它们的所有无数特殊形态。在这里始终被排斥在外的是最终的“微差”，它们属于这条“河流”的不可规定之物，而这种流动
316 的可描述的类别重又具有其“观念”，这些观念被直观地把握到并且被确立，它们使绝对的认识得以可能。每一个心理学的标题，如感知和意愿，都是“意识分析”的最广泛区域，亦即本质研究的最广泛区域的标题。这里关系到一个极为宽泛的领域，在这方面，唯有自然科学能够与这个领域相比拟——无论这听起来是多么奇特。

56　但这是一个具有决定性意义的认识：本质直观决不是在感知、

回忆或相似的行为意义上的“经验”，此外，它也决不是一种经验的普遍化，即在其意义中实存地共设了经验个别性之个体此在的经验普遍化。这种直观将本质把握为本质存在，并且不以任何方式设定此在。据此，本质认识不是实际事情(matter-of-fact)的认识，它不带有丝毫一点与某个个体的(例如自然的)此在相关的主张内涵。一个本质直观，例如对一个感知的本质、回忆的本质、判断的本质等等的本质直观，它的基底，或者更确切地说，它的出发点可以是一个对感知的感知、对一个回忆、对一个判断的感知等等，但它也可以是一个单纯的、只是“清晰的”想象，它本身不是经验，不把握此在。我们通过这种方式还根本没有涉及对本质的把握，作为本质把握，它是直观着的，而这恰恰是一种完全不同于经验的直观。当然，本质也可能是含糊地被表象，例如以符号的方式被表象，并且错误地被设定——这样，本质便是单纯被意指的本质，带有争执，正如我们在向对本质之不相容性的直观过渡时可以看到的那样；但通过向本质被给予性之直观的回溯，含糊的设定也可以被证实为是有效的。

57　每一个判断，只要它在坚实的、全适地构成的概念中全适地表达出：在本质中包含着一些什么，某些种属或分殊的本质如何与某些其他的本质相联系，例如，“直观”和“空乏意指”、“想象”与“感知”、“概念”与“直观”等等如何相互结合在一起，如何根据这个或那个本质构成部分而必然地是“可结合的”，例如作为“意向”和“充实”而相互适合，或者反过来，它们如何会是不可结合的，如何会为一种“失实的意识”奠基，如此等等：每一个这样的判断都是一个绝对的、总体有效的认识，并且是这样一种本质判断：要想通过经验

来论证它、证实它或反驳它将会是一种背谬。它确立了一个“观念的关系”(relation of ideas)，一个真正意义上的先天，尽管这个意义曾经在休谟眼前浮现过，但他对本质与——作为“印象”(impression)之对立面的——“观念”(idea)的实证主义混淆必然使他无法正确地把握这个意义。然而，即使是他的怀疑论也未敢在这里贯彻到底，也未敢动摇这样一个——就他所看到的程度而言的——
317 认识。倘若他的感觉主义没有使他对“关于……的意识”的意向性之整个领域变得盲目，倘若他将意向性接纳到本质研究之中，那么他将不会成为一个伟大的怀疑论者，而会成为一门真正“实证”的理性理论的创始人。所有那些在《人性论》中如此激烈地推动他，并将他从一个迷惑带向另一个迷惑的问题，所有那些他在其观点中根本无法估测到并纯粹地表述出来的问题，它们都完完全全地处在现象学的统辖区域之中。通过对意识构形的本质联系的探究以及对与它们相关的本质相属的被意指性的探究，这些问题可以得到完全的解决，这种解决是在一种总体直观的理解中进行的，它将会使任何有意义的问题都得到答复。诸如相对于关于对象的印象或感知之杂多性而言的对象之同一性的重大问题。事实上，杂多的感知或显现如何能够使同一个对象“显现出来”，以至于它对它们本身来说以及对那个联结着它们的统一性意识或同一性意识来说可以是“同一个”，这是一个只有通过现象学的本质研究才能得到澄清和回答的问题(我们的研究方式当然已经在先指明了这种研究)。要想用经验的自然科学的方式回答这个问题，这也就意味着，没有理解这个问题并将它误释为一个背谬的问题。一个感知，就像一个经验一样，它恰恰是对这个、对恰恰是如此定向的、如此着色和构形的对象的感知，这是感知的本质的事情，无论这个本质与这个对象的“实存”处在什么样的关系之中。这个感知顺应于这个感知连续，但不是一个随意的感知连续，在这个连续中，始终是“同一个对象在始终不同的方向上以及如此等等地展示出自身”，这又纯粹是本质的事情。简言之，这里是一片广阔的、在文字上尚未开发出来的“意识分析”之土地，意识这个标题，正如心理的标题一样，无论它是否真的合适，它都必须具有如此宽泛的包容性，以至于它可以标识出所有的内在者，即是说，它也可以标识出所有的意识—被意指者本身以及在任何意义上的意识—被意指者。几百年来被谈论得如此之多的起源问题，一旦摆脱了错误的、背谬地歪曲它们的自然主义，它们便是现象学的问题。例如关于“空间表象”的起源问题，关于时间表象、事物表象、数字表象的起源问题，关于原因与结果之“表象”的起源问题等等。唯有当这些纯粹的问题得到有意义的规定，得到表述并得到解决，这些作为人类意识事件的表象之形成 318
的经验问题才能够获得一个科学上可把握的并且对问题的解决来说可采纳的意义。

58 但是所有的问题都在于，人们要看到并且完全地学会：就像直接听到一个声音一样，他也可以直接地把握到一个“本质”，直接地把握到“声音”的本质、“事物现象”的本质、“可见事物”的本质、“图像表象”的本质、“判断”或“意愿”的本质等等，他可以直观并且在直观中进行本质判断。但另一方面，问题还在于，人们必须提防休谟式的混淆，并且据此而不要将现象学的直观混同于“自身观察”，混同于内经验，简言之，不要将它混同于那些不是去设定本质，而

是去设定与此相应的个体个别性的行为。[①]

59 只要纯粹现象学是纯粹的并且不去运用对自然的实存设定，那么它作为科学便只可能是本质研究，而根本不可能是此在研究，任何“自身观察”与任何在这种经验基础上进行的判断都是在它的范围之外进行的。在它的内在之中，唯一被设定并且无论如何也要被纳入到那些借助于本质分析而得以严格的本质概念之中去的东西只能是：“这里的这个！”(dies da!)——这个流逝的感知、回忆等等。因为个体虽然不是本质，但它“有”一个本质，这个本质可以被它明见有效地陈述出来。但是，这样一种单纯的归类(Subsumption)显然还无法做到：将这个本质确立为个体，为它提供在个体此在“世界”中的一个位置。对于纯粹现象学来说，单数之物永远是无限之物(απειρον)。纯粹现象学只是将本质和本质联系认

40 319 识为客观有效的，并且因此而作出、最终地作出为澄清理解所有经验认识和所有一般认识所需要的一切：澄清所有形式—逻辑的、自然逻辑的以及其他指导性的“原则”的“起源”，并且澄清所有与此密切联系的“存在”(自然存在、价值存在等等)和“意识”的相关性

---

① 《逻辑研究》在其系统现象学的各个片断中第一次运用了这里所描述的意义上的本质分析，这些研究一再地被误解为是一种对自身观察方法之恢复的尝试。当然，对此，我在《逻辑研究》第二卷第一研究的“引论”中对方法所做的错误标识也一并负有责任，我在那里将现象学标识为描述心理学。我的第三篇“关于1895—1899年德国逻辑学著述的报告”(Bericht über deutsche Schriften zur Logik in den Jahren 1895—1899)[载于：《系统哲学文库》(*Archiv fürsystematische Philosophie*)第九卷(1903年)，第397—400页(以后出版于《文章与书评(1890—1910年)》，《胡塞尔全集》第二十二卷，由让克(B. Rang)主编，海牙，1979年，第201页以后。——译注)]已经对此做了必要的阐释。

问题。[①]

60 现在我们要过渡到心理物理学的观点上去。在这个观点中，“心理”连同它所特有的本质都被归附给一个身体，并且被归附给物理自然的统一：这个在内在感知中被把握到的东西以及被理解为本质上是如此类型的东西与感性的被感知之物发生联系，并因此也与自然发生联系。只有通过这种归附，它才获得间接的、自然的客体性，间接地获得一个在空间和自然时间中的位置，我们在这个时间中用钟表来测量它。在一些无法进一步规定的范围内，对物理因素的经验“依赖性”提供了一种手段：一种将心理因素交互主体地规定为个体存在并且同时不断前行地对心理物理关系进行透彻研究的手段。这便是“作为自然科学的心理学”的领地，这门心理学就其词义来看是心理物理的心理学，并且同时当然也是一门与现象学相对立的经验科学。

61 显然，将心理学，即关于“心理”的科学仅仅看作是关于”心理
现象“及其与身体之联结的科学，这种做法并不是无可争议的。实
际上它始终受到那些原生的和不可避免的客体化的引导，这些客体
化的相关项一方面是人和动物这样一些经验的统一，另一方面是心 320
灵、人格或特征、人格的心境。然而，对于我们的目的来说，我们没

① 我在这里的表述带有某种确定性。实际上，对目前这个时期来说，现象学至多只是一些专门性研究工作的标题，只是在自身观察领域中一些完全有用的细微工作的标题而已，而不是系统的哲学基础科学，不是进入真正的自然、精神、观念的形而上学的入口；而我在这里的表述之所以带有那种确定性，是因为它们所依据的始终是一些多年来坚持不懈的研究。自1901年以来，我的哥廷根哲学讲座便建立在这些不断进展的研究的成果之基础上。鉴于所有现象学的层次以及所有那些与它们相关的研究在功能方面都密切地交织在一起，鉴于对纯粹方法的发展本身带有极大的困难，我不认为发表这些分散的和仍带有问题的成果是有益的。我希望能够在不远的将来将这些在此期间已得到全面确立和达到广泛系统统一的现象学研究和现象学的理性批判交付给更多的公众。

有必要去探究对这些统一构成的本质分析，没有必要去探究如何从心理学的任务出发对它们自身进行规定的问题。很快便会表明，这种统一原则上不同于自然的事物性，后者就其本质而言是通过映射的显现之被给予性，而这决不以任何方式适用于这里所说的统一。只有奠基性的基底“人体”，但不是人本身，才是一个这个事物显现的统一，而人格、特征等等就更不是这种统一了。显然，我们带着所有这些统一而被回指到各个意识流的内在生活统一之上，被回指到各种形态学的特殊性上，它们使这样一些不同的内在统一得到区分。据此，所有心理学的认识，即使它们原初是与人的个体性、特征、心境相关联的，它们也看到自己被回指到那些意识的统一之上，并因此而被回指到对现象本身以及它们的相互交织的研究上。

62　现在，尤其是在作出了所有这些阐述之后，人们无须再费力便可以清楚地并从最深层的根据出发而明察到刚才所揭示的东西：所有在通常意义上的心理学认识都以对心理的本质认识为前提，而想要通过心理物理的实验并且通过那种无意的内感知或内经验来研究回忆、判断、意愿以及其他等等行为的本质，以便借此来获得那些严格的概念，即那些唯一能够为在心理物理陈述中对心理的标识以及为这些心理物理陈述本身提供价值的概念——这样一种希望将会是谬误的极点。

63　现代心理学的基本错误阻碍了它自己成为真正的、完全一科学意义上的心理学，这个基本错误在于，它没有认识到并构造出现象学的方法。它受历史成见的影响而不去利用在所有澄清性的概念分析中都包含着的这种方法的起点。与此相关，大多数心理学家都没有理解业已存在的现象学开端，甚至常常将那些在纯粹直观观点中进行的本质研究看作是形而上学—经院哲学的坠落

(Substraktion)。但是,在直观态度中被把握和被描述的东西唯有在直观的态度中才能得到理解和检验。

64 根据所有这些阐述,下面这点便很明显,并且我有充分的理由可以相信,它会很快得到更普遍的承认,即:只有当心理学建立在一门系统的现象学上,也就是说,只有当意识的本质构形以及它的 321
内在相关项在系统的联系中得到纯粹直观的研究和确立,只有当各种现象的概念,即那些被经验心理学家在其心理物理判断中用来表述心理本身的概念的科学意义和内涵得到了规范,只有这时,一门关于心理的经验科学,一门真正充分的、与自然相联系的经验心理学才能成立。只有一门真正彻底的和系统的现象学,一门不是附带地和在分散的反思中进行的,而是在对极为错综复杂的意识问题的完全献身中、在完全自由的、不为任何自然主义成见所迷惑的精神中进行的现象学,只有它才能为我们提供对“心理”的理解——无论是在个体意识的领域中,还是在共同意识的领域中。这时,我们这个时代的巨大的实验工作、那些被收集起来的丰富经验事实以及那些通过充分评价的批判和心理学解释而获得的、部分地是极为有趣的规则性,所有这些才能结出真正的果实。这时,人们也将重又承认这样一个说法,而这个说法就今日心理学而言是无法以任何方式得到承认的,即:心理学处在与哲学的切近联系之中,甚至是最切近的联系之中。这时,反心理主义的悖论,即认识理论不是心理学理论,也会失去所有的动力,因为每一门真正的认识论都必然建基于现象学之上,现象学如此地构成每一门哲学和心理学的共同基础。最后,那种虚假的哲学文献也不再可能存在,它们在今天还生长得十分昌盛,并且带着最严肃的科学性要求而向我们展示着它们的建立在自然科学基础上以及首先是建立在

"实验—心理学基础上"的认识论、逻辑理论、伦理学、自然哲学、教育学[①]。面对这些文献，人们事实上只能对此感到惊异：人类最伟大的心灵曾奉献毕生工作来探讨的那些艰深问题与困难，它们的意义如今已经衰落，而且很可惜，真正的彻底性。即我们在实验心理学本身的范围内——尽管在我们看来它还带有原则性的缺
322 陷——所不得不予以高度尊重的那种彻底性，它的意义如今也已经堕落。我坚信，将来对这些文献的历史评判将会比对已受到诸多指责的18世纪通俗哲学的评判来得更为严厉[②]。

65　我们现在要离开心理学自然主义的争论领域。也许我们可以说，自洛克时代以来就突进着的心理主义实际上只是一种模糊的形

① 这些虚假的哲学文献之所以得到鼓励的另一个重要原因还在于这样一种状况，即：心理学——不言而喻是指"精确的心理学"——是科学的哲学之基础，这种看法至少已经在哲学学科的自然科学群组那里成为坚定的公理，而这些群组屈服于自然科学家的压力，现在正在十分热心地将一个又一个的哲学教席交付给这样一些研究者，这些研究者或许在其各自的领域中是非常出类拔萃的，但他们对哲学的内心感受并不会比例如物理学家和化学家更多。

② 在我写作这篇论文时，我偶然得到慕尼黑盖格博士(Dr. M. Geiger)的出色报告"同感的本质与意义"(Ueber das wesen und die Bedeutung der Einfühlung)，刊载于"因斯布鲁克第4届实验心理学大会文献"(莱比锡，1911年)。作者以一种富于教益的方式力求对真正的心理学问题进行区分，这些问题在迄今为止关于同感的描述和理论之尝试中有些是明确的，有些则相互混淆。而且他还讨论了人们对这些问题解决的尝试和得到的成果。可以从这份文献(同上书，第66页)中看出，在会议讨论中他并未受到与会者的认可。马汀(Martin)小姐的讲话获得众人的喝彩："我来这儿希望听到在同感领域中的实验。可是我实际上听到的是什么呢？完全是一些过时的、非常过时的理论。这里丝毫没有提到这个领域的实验。*这不是哲学学会*。在我看来，希望介绍这种理论的人现在应该说明：这种理论是否已经被实验所证实。在美学领域中已经在进行这种实验。例如，施特拉顿(Stratton)关于眼运动的美学意义的实验，而我本人也进行了关于这种内感知理论的研究。"此外，在这份文件中还可以读到，马伯(Marbe)"认为同感学说的意义在于推动人们进行实验研究，而这种研究也已经在这个领域中得到进行。同感学说的倡导者所运用的方法与实验心理学方法的关系在很多方面类似于前苏格拉底学派的方法与现代自然科学方法的关系"。我对这些事实无须再说什么。

式，在这种形式中必定贯穿着那种唯一合法的哲学倾向，即朝向对哲学的现象学奠基的哲学趋向。除此之外，只要现象学的研究是本质研究，即在真正意义上的先天研究，那么它便同时会考虑到所有那些先天论的合理动机。无论如何，我们的批判可能已经表明，将自然主义认识为一种原则上错误的哲学，这并不意味着，放弃一门严格科学哲学的观念，放弃一门“自下而上的哲学”的观念。对心理学的和现象学的方法的批判区分已经指明，现象学的方法是一条通向科学的理性理论的真正道路，也是一条通向充分的心理学的真正道路。

根据我们的计划，我们现在要过渡到对历史主义的批判以及对世界观哲学的阐释上去。

历史主义[1]与世界观哲学

66 历史主义将自己定位于经验的精神生活的事实领域，由于它

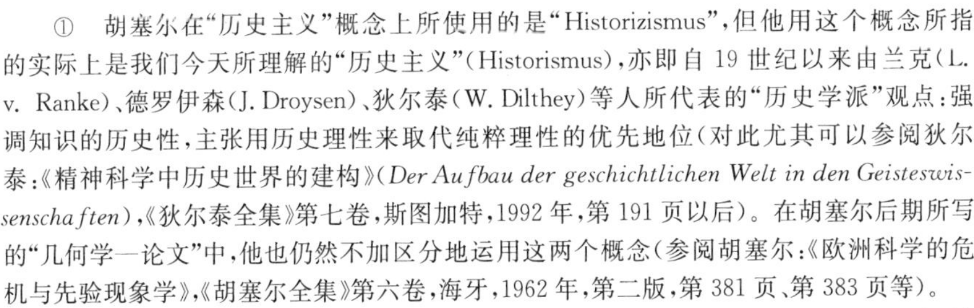

① 胡塞尔在“历史主义”概念上所使用的是“Historizismus”，但他用这个概念所指的实际上是我们今天所理解的“历史主义”（Historismus），亦即自19世纪以来由兰克（L. v. Ranke）、德罗伊森（J. Droysen）、狄尔泰（W. Dilthey）等人所代表的“历史学派”观点：强调知识的历史性，主张用历史理性来取代纯粹理性的优先地位（对此尤其可以参阅狄尔泰：《精神科学中历史世界的建构》（*Der Aufbau der geschichtlichen Welt in den Geisteswissenschaften*），《狄尔泰全集》第七卷，斯图加特，1992年，第191页以后）。在胡塞尔后期所写的“几何学一论文”中，他也仍然不加区分地运用这两个概念（参阅胡塞尔：《欧洲科学的危机与先验现象学》，《胡塞尔全集》第六卷，海牙，1962年，第二版，第381页、第383页等）。

在这里还需要提到波普（K. Popper）对“historicism”与“historism”的明确区分：前者是指对历史过程和社会过程的思辨性——一元论解释，即认为历史与社会发展具有绝对必然的规律，这个意义上的“historicism”也被译作“历史决定论”；而后者则是指通常意义上的“历史主义”，亦即上面所阐述意义上的“历史主义”（例如可以参阅波普：《历史决定论的贫困》（*The Poverty of Historicism*），伦敦，1960年，第二版）。但根据前面的说明，这个划分不能被用在对胡塞尔概念术语的理解上。——译注

323 绝对地设定这种经验的精神生活，而不是恰恰将它自然化（尤其是因为历史思维远离自然的特殊意义并且至少没有受到这种意义的普遍决定性影响），这样便产生出一种相对主义，它与自然主义的心理主义非常接近，并且被纠缠到类似的怀疑困难中去。我们在这里所感兴趣的是历史主义怀疑论的特别之处，我们想更深入地了解它。

67 所有精神的构形——如果我们在尽可能宽泛的意义上考虑这个词，使它可以包含任何一种社会的统一，在最底层是个体本身，但也可以包含各种文化构形——都具有它们的内部结构，具有它们的类型、它们的各种奇特而丰富的内外形式，这些形式产生于精神生活本身的河流之中，又发生着变化，而在每一种变化本身之中又可以表现出结构的和类型的区别。在直观的外部世界中，有机生成的结构和类别为我们展现着完全相似的东西。在那里不存在任何一个固定的种类，不存在任何一个由固定的有机因素组成的对同一事物的构造。所有貌似固定的东西都是发展之河流。如果我们通过内部直观而生活到一个精神生活的统一中去，那么我们就可以追复感受（nachfühlen）到那些制约着精神生活的动机，并且因此也可以“理解”各种精神构形的本质和发展，理解这些构形对精神的统一动机和发展动机的依赖关系。以此方式，所有历史的东西对我们来说都是在其“存在”特性中“可理解的”、“可解释的”，这种存在就是“精神的存在”，就是一个意义所具有的各个内部自身要求的因素的统一，并且在此同时也是那些根据内部动机而合乎意义的自身构形和自身发展的统一。即是说，以此方式也可以对艺术、宗教、道德等等进行直观的研究。

同样也可以对那个与它们相近并在它们之中同时得到表达的世界观进行直观的研究，一旦这种世界观获得科学的形式并以科学的方式提出对客观有效性的要求，它便常常被称作形而上学，或者也被称作哲学。因此，在这些哲学方面便产生出这样一个重大的任务：透彻地研究这些哲学的形态结构、它们的类别，以及它们的发展联系，并且通过最内在的追复生活（Nachleben）而使那些规定着它们本质的精神动机得到历史的理解。狄尔泰的著述，尤其是最新发表的关于世界观类型的论文表明，在这方面有多少极为重要的事情，并且事实上是值得赞叹的事情有待完 324
成[①]。

68 当然，至此为止所说的是历史，但不是历史主义。只要我们在几句话中追随狄尔泰的阐述，我们便能够以最容易的方式把握住那些涌向他的动机。我们读到："在那些不断为怀疑主义提供新的养料的根据之中，哲学体系的无政府状态是最为有成效的根据"（第 3 页）。"但与从人类意见的对立性中得出的那些怀疑推理相比，那些随历史意识的进步发展而形成的怀疑要伸展得更为深入（第 5 页）"。"发展论〔作为自然科学的进化论而与文化构形的发展史认识交织在一起〕是必然与历史生活方式的相对性认识结合在一起的。一旦放眼于地球和所有的过去，生活的基本状态、宗教和哲学的某个个别形式的绝对有效性便不复存在了。因此，历史意识的展开要比对体系间争论的

---

① 参阅文集：《世界观——狄尔泰等人对哲学与宗教的阐释》（*Weltanschauung, Philosophie und Religion in Darstellungen von W. Dilthey usw.*），柏林，1911 年。

纵观更彻底地摧毁着对任何一门企图以强迫的方式通过一种概念的联系来陈述世界联系的哲学之普遍有效性的信仰(第6页)。”

69　显然,这个说法的事实真实性是无须怀疑的。但问题在于,这个说法在原则普遍性中是否也能够是合理的。当然,世界观和世界观哲学是文化构形,它们在人类发展的长河中形成并消失,同时,它们的精神内涵是一个在已有历史状态中特定地被引发的精神内涵。但同一个情况也适用于严格的科学。它们因此而会丧失客观的有效性吗?一个完全极端的历史主义者或许会肯定这一点,他会在这里指出各个科学见解的变化,他会指出,那些今天被看作已得到证明的理论,明天会被认作并非如此;一些人所说的可靠的规律,在另一些人那里则只被称作假设,或者被称作含糊的奇想。如此等等。难道我们据此,面对这种科学见解的不停变化,真的无权去谈论那种不只是作为文化构形,而是作为关于客观有效统一的科学了吗?显而易见,如果将历史主义坚定地贯彻到底,它就会导向极端怀疑的主观主义。真理、理论、科学的观念会像所有观念一样失去其绝对有效性。一个观念具有有效性,这将意味着:它是一个事实的精神构成,它被视作有效的并在这种有效性的事实性中规定着思维。这样也就不存在绝然的有效性或“自在的”有效性,不存在那种即使没有人实施,或者,即使没有一个历史的人类曾经实施过,它也仍然是其自身所是的有效性。这样也就不存在对矛盾律和所有逻辑学而言的有效性,反正它们在我们这个时代已经处在完全流散的状态中。也许这就是终结,无矛盾性的逻辑原则由此而转向其对立面。接下来,我们所陈述的所有那些语

句，甚至那些为我们所考虑并且作为有效存在的而为我们所运用的可能性，它们自身也不再具有任何有效性。如此等等。没有必要在这里继续下去并重复那些在其他地方已经给出的阐述[①]。或 325
许只要获得这样一种认可就够了：无论在流动的起效用(Gelten)和客观的有效性(Gültigkeit)之间的关系、在作为文化现象的科学和作为有效理论体系的科学之间的关系会为澄清性的理解造成多大的困难，它们的区别和对立必须予以承认。但是，如果我们承认科学是有效的观念，那么，我们还有什么理由不将那些在历史的起效用和有效因素之间存在着的类似区别至少也看作是悬而未决的呢——无论我们是否能够"理性批判地"理解这些区别？是否可以在作为文化构形的宗教和作为观念的、即作为有效宗教的宗教之间作出区分，是否可以在作为文化形态的艺术和有效的艺术之间、在历史的法律和有效的法律之间作出区分；是否在此者与彼者之间存在着一种关系，一种用柏拉图的话来说观念与其模糊的显现形式之间的关系；这些问题根本不会对历史，不会对经验精神科学一般带来任何影响，无论是在积极的、还是在消极的意义上。而如果精神构形的确可以在这种有效性对立的视点中得到考察和评判，那么对有效性本身以及对其观念的规范原则所做的科学决定便决不会是经验科学的事情。数学家也不会为了获得关于数学理论真理的教益而去求助于历史；他不会想到要将数学表象与判断 326
的历史发展与真理的问题联系在一起。因此，历史学家怎么可以决定已有哲学体系的真理，更有甚者，他又怎么可以决定一门自身

① 在我的《逻辑研究》第一卷中。

有效的哲学科学一般的可能性呢？他怎么能够通过他的教诲来动摇哲学家对他的观念的信仰以及对一门真正哲学之观念的信仰呢？谁否定一个特定的体系，同样，谁否认一个哲学体系一般的观念可能性，他就必须提出根据。发展的事实、也包括各个体系一般之发展方式的最普遍事实，这些可以是根据，可以是好的根据。但是，从历史根据中只能产生出历史的结论。从事实出发来论证或反驳观念，这是背谬——用康德[1]所引用的一句话来说就是：从石中取水（ex pumice aquam）[2]。

70 据此，正如历史无法对绝对有效性的可能性提出任何重要的反驳一样，它也更不能对一门绝对的，即科学的形而上学以及其他哲学的可能性提出这种反驳。作为历史，它甚至永远不能论证这样一个断言：至此为止还不存在一门科学的哲学；它只能从另一些认识源泉出发来论证它，而这些源泉显然已经是哲学的认识源泉了。因为很明显，只要哲学的批判提出有效性的要求，它也就已经是哲学了，并且它因此而在其意义中隐含着一门作为严格科学的系统哲学之可能性。那种无条件的断言，即认为任何科学的哲学都是空想，连同这样一个论证，即所谓上千年的尝试已经说明了这

① 参见康德：《实践理性批判》，A 24；康德以此来比喻“从经验定理中提取必然性”之做法的悖谬。——译注

② 狄尔泰在前面所引书中同样否认历史主义的怀疑论；但我不理解，他如何会相信，从他对世界观结构和类型的富于教益之分析中，他可以得出反对怀疑论的决定性根据。因为正如在这篇文字中已经阐述过那样，一门还是经验的精神科学既不能对某个提出客观有效性要求的东西提出反对的论证，也不能对它提出赞成的论证。如果将这种旨在经验理解的经验观点换成现象学的本质观点，那么事情自然就会是两样的，而这似乎正是他思想的内部活动。

种哲学的内在不可能性,这种断言连同这种论证之所以是错误的,
不仅是因为一个从高级文化的几千年导向无限未来的推论不是一
种好的归纳,而且它的错误还在于,它是一个像 2+2=5 一样的绝
对背谬。而这是出于已提到过的理由:或者是哲学批判发现了可
以进行客观有效反驳的东西,那么这里便存在着一个可以进行客
观有效论证的领域。如果这些问题被证明是提“歪”了,那么必定
就会有可能的纠正和正的问题存在。如果批判表明,历史地形成
的哲学是以混乱的概念在进行操作,是在进行概念的混淆、虚假的
推理,那么,如果不想坠落到无意义之中的话,人们在这里便不可
否认,理想地说,这些概念是可以得到清晰化、明白化,可以保持区
分的,在已有的领域中是可以进行正确推理的,如此等等。每一个 327
合理的、深透的批判本身都给予了进步的手段,都理想地指明着合
理的目的和道路,并因此而指明着一门客观有效的科学。对所有
这些我们当然还要说,一个作为事实的精神构形的历史的不可成 51
立性与在有效性意义上的不能成立性根本无关;这一点以及至此
所述的一切都可以运用在任何一个要求具有有效性的领域上。

71 历史主义者们之所以误入歧途,原因可能还在于这样一个状况,即:通过对一个历史地被再构的精神构形的熟识,对在它之中起制约作用的意见或意指的熟识,以及对从属的动机联系的熟识,我们不仅能够理解这个精神构形的内部意义,而且也能够评判它的相对价值。如果我们设想自己接受某个历史上的哲学家曾拥有过的前提,那么我们有可能承认甚至赞叹他的哲学的相对“一贯性”,另一方面,我们会原谅那些不一贯性连同那些对问题的推移和混淆,它们在当时的问题阶段以及含义分析阶段上是不可避免

的。我们可以将一个科学问题的成功解决评价为一个伟大的成就，而这个问题在今天则属于那种可以为一个中学生所轻易克服的问题类型。类似的情况适用于所有的领域。与此相对，我们不言而喻地还是要坚持这一点：即使是这些相对评价的原则也仍然包含在那些观念的领域之中；历史学家，即那些不仅仅是去理解这个发展、而是也进行着评价的历史学家，他只能预设这些领域，但他——作为历史学家——无法论证这些领域。数学的规范包含在数学中，逻辑的规范包含在逻辑学中，伦理的规范包含在伦理学中，如此等等。如果历史学家恰恰是想进行科学的评价，那么他可以在这些学科中去寻找根据和论证方法。如果在这方面不存在严格发展了的科学，那么他就是以自身负责的方式在进行评价，例如作为有伦理的或有宗教信仰的人，但决不是作为科学的历史学家。

72　即使我据此而将历史主义看作是一种认识论的混乱，它由于其背谬的结论而必须像自然主义一样得到严厉的拒绝，那么我也想明确地强调，我完全承认在最宽泛意义上的历史对于哲学家而
328 言所具有的巨大价值。对他来说，对共同精神的发现与对自然的发现是一样重要的。与对自然的深入相比，向普遍精神生活的深入甚至为哲学家提供了一个更原初，因此也就更基本的研究材料。因为，作为一种本质学的现象学之王国从个体精神出发很快便伸展到整个普遍精神的领域；并且，如果狄尔泰以如此鲜明的方式确认，心理物理的心理学不是那门可以作为“精神科学之基础”而起作用的心理学，那么我要说，唯有现象学的本质学才能够为一门精神哲学提供论证。

73　我们现在要过渡到对世界观哲学的意义和权利的思考上去，尔后将它与严格的科学相对立。如已暗示过的那样，近代的世界观哲学是历史主义怀疑论的孩子。这种怀疑论通常会在实证科学前面止步，它会像任何一种怀疑论一样前后不一地赋予实证科学以真正的有效性价值。据此，世界观哲学将整个个别科学都预设为客观真理的宝库，而只要它所寻找的目标在于：尽可能满足我们对封闭的和统一化的、包容一切和理解一切的认识之需求，那么它就会将所有个别科学都看作是它的基础。鉴于此，它时而也将自己称为科学的、恰恰建立在坚实的科学之基础上的哲学。然而，按照合理的理解，在一门学科的科学性中不仅仅包含着基础的科学性，而且也包含着给定目标的问题之科学性、方法的科学性，尤其包含着在主导问题的这方面与恰恰是这些基础和方法的另一方面之间的和谐，因此，科学的哲学这个标识还不能说明什么。而事实上它一般也没有得到完全认真的理解。大多数世界观哲学家都非常清楚地感觉到，他们的哲学并没有很好地提出对科学严格性的要求，他们中的一些人至少开诚布公地承认其结论的较低科学水准。尽管如此，他们仍然很高地评估这样一种不想成为科学、而想 329
成为世界观的哲学的价值，而且他们，正是在历史主义的影响下，越是怀疑那种严格的哲学的世界科学的意图，他们对这种哲学的评价也就越高。他们的那些同时也进一步规定着世界观哲学之意义的动机大致如下：

74　每一门伟大的哲学都不只是一个历史事实，而是在人类精神生活的发展中也具有一个伟大的、甚至是独一无二的目的论作用，即作为对他们那个时代的生活经验、教化、智慧的最高提升。让我

们暂且驻足于对这些概念的澄清。

75 经验作为个人的习性是一种在生活过程中以住自然经验执态行为的沉淀。它本质上是被这样一种方式所决定的，这种方式是指：人格性(Persönlichkeit)这个特别的个体性是如何通过本己的经验行为而受到在动机方面之引发的；这种方式同样是指：人格性本身是如何以本己的赞同和拒绝的方式而受到陌生的和传习的经验的影响的。至于那些包含在经验标题中的认识行为，它们可以是关于任何一种自然此在的认识，或是素朴的感知和其他直接直观认识的行为，或是建基于其上的思维行为，在不同的逻辑加工和证实层次上的思维行为。但这还不够。我们也可以从艺术作品和其他美的价值中获得经验；同样可以从伦理价值中获得经验，无论是根据我们本己的伦理行为，还是根据对其他人的伦理行为的观入(Hineinschauung)；我们还可以从善、实际的有用性、技术的可用性那里获得经验。简言之，我们不仅在进行着理论的经验，而且也在进行着价值的和实践的经验。分析表明，价值的和实践的经验要回溯到作为基础的评价体验和意愿体验上去。在这些经验的基础上也建立着更高的逻辑层面的经验认识。据此，有全面经验的人，或如我们所说的“有教养者”，不仅具有世界经验，而且也具有宗教的、美学的、伦理的、政治的、实践—技术的等等经验或“教化”(Bildung)。然而，只要教化一词的对立面是非教化(Unbildung)，那么我们显然便是在用“教化”这个用俗了的词来表示上述习性所具有的相对较高价值的形式。而“智慧”(世界智慧、世界和生活智慧)这个过时了的词，以及通常还有世界和生活观或绝然的世界观这类现在流行的表述，它们则关系到特别高的价值层面。

76 我们必须将这个意义上的智慧或世界观看作是那种更有价值的人类习性的本质构成部分,这种习性在完善的德行的观念中浮现于我们眼前,并且它标识着与人类执态的所有可能方向,即与认识方向、评价方向和意愿方向有关的习性上的精明(Tüchtigkeit)。因为,与这种精明同步发展的是那种不断形成的能力(Fähigkeit),即对这种执态的对象性,对周围世界、价值、善、行动等等进行理性的判断,或对他的执态进行明确论证的能力。但这预设了智慧并且属于智慧的较高形式。 330

77 无须再进一步阐述,在这个特定的、尽管包含着杂多类型和价值等级的意义上的智慧或世界观不只是单个的人格性的成就,这种单个的人格性本来就是一种抽象;这种智慧或世界观属于文化的共同体和时代,而就它所具有这些鲜明形式而论,如果我们不仅仅是谈论一个特定个体的教化和世界观,而是谈论这个时代的教化和世界观,那将会具有好的意义。这尤其适用于现在将要探讨的这些形式。

78 用思维的方式去把握在一个伟大的哲学人格性中活着的、内在最丰富的、但自身仍然含混的、未被理解的智慧,这种把握开启了逻辑加工的可能性;在较高的文化层面上则开启了在严格科学中展开的逻辑方法学。不言而喻,这种科学作为共同生活的有效要求是与个体相对立的,在这个层面上,这些科学的总体内涵属于那种有价值的教化和世界观的下层建筑。由于那些活生生的、因而有说服力的时代之教化动机不仅仅是概念的把握,而且也经历着逻辑的展开和其他的思维加工,并且,那些如此获得的结果在与新产生的直观和明察的相互作用中达到科学的统一化和一致的完善，于是那些原初无法领会的智慧便得到了异常的扩展和提升。这样便产生出一种世界观哲学，它在巨大的体系中为生活和世界的谜提供相对而言最完善的回答，即以最佳可能的方式来解决并令人满意地澄清那些不确定性，那些只能为经验、智慧、单纯的世
331 界和生活观所不完善地加以克服的生活之理论、价值、实践的不确定性。但人类的精神生活带着它的不断更新的教化、新的精神斗争、新的经验、新的评价和目标在不断地前进着；所有新的精神构形都进入到扩展了的生活视域中，随着生活视域的变化，教化、智慧和世界观也发生变化，哲学也发生变化，它在不断向更高的顶端上升。

79　只要世界观哲学的价值以及随之也包括对这种哲学之追求的价值首先是由智慧的价值以及对智慧之追求的价值所决定的，那么我们几乎就没有必要去特别考虑它们所自设的那个目标。如果人们像我们一样对智慧的概念作如此宽泛的理解，那么它所表达的就是一个本质的构成部分，即根据人类生活各个时期的标准而可达到的完善的精明之理想的一个本质构成部分，换言之，就是人性观念的一个相对完善、具体映射（Abschattung）的本质构成部分。因此很明显，正如每一个人都应力求成为一个尽可能精明和全面精明的人格性，即在与可能执态的基本种类相符合的所有生活基本方向上都成为精明的，他在每一个这样的方向上也都应是尽可能"有经验的"、尽可能"智慧的"、并且因此也是尽可能"爱智的"。根据这个观念，每一个追求着的人都必然是在原初词义上的"哲学家"。

80　如所周知，从对达到人性以及随之而同时达到完善智慧的崇

高目标之最佳途径的自然反思中已经产生出一门工艺学，一门关于有德行的人或精明的人的工艺学。如果它像人们通常所做的那样被定义为关于正确行为的工艺学，那么这里也就没有什么区别。因为这里所指的前后一致的精明行为要回溯到精明的实践特征之上，而这个特征预设了在价值方面和智性方面的习性完善。对完善性的有意追求重又预设了对全面智慧的追求。在质料方面，这门学科向追求者指明了在科学、艺术、宗教等等中的各种不同的价值类别，每一个行为着的个体都会承认这些价值是超主体的和有约束力的有效性。而这些价值中的一个最高价值就是这个智慧和完善的精明之观念本身。当然，这门或被看作是通俗的、或被看作是科学的伦理工艺学也一同进入到世界观哲学的范围之中，就这门世界观哲学而言，它必定会带着它的所有领域——只要这些领域是在其时代的共同体意识中形成的并令人信服地作为客观有效性而与个体相对立——而成为一种最为重要的教化力量，成为向 332
这个时代最有价值的人格性发射着最有价值之教化力的一个散发点。

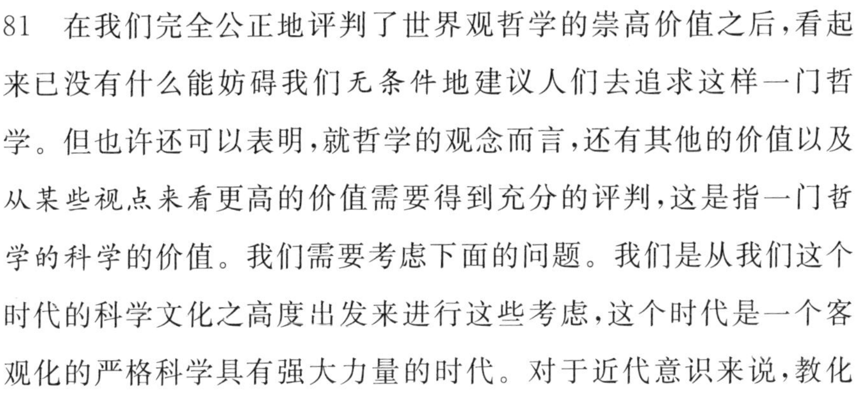

81　在我们完全公正地评判了世界观哲学的崇高价值之后，看起来已没有什么能妨碍我们无条件地建议人们去追求这样一门哲学。但也许还可以表明，就哲学的观念而言，还有其他的价值以及从某些视点来看更高的价值需要得到充分的评判，这是指一门哲学的科学的价值。我们需要考虑下面的问题。我们是从我们这个时代的科学文化之高度出发来进行这些考虑，这个时代是一个客观化的严格科学具有强大力量的时代。对于近代意识来说，教化或世界观的观念与科学——被理解为实践的观念——是被明确分离开来的，并且它们从此开始而将永远是被分离的。虽然我们可以抱怨，但我们必须将它作为一个始终起作用的事实而接受下来，它相应地规定着我们的实践执态。历史上的哲学肯定是世界观哲学，只要它们的缔造者是处在智慧本欲的主宰之下；但它们同样也是科学的哲学，只要在它们之中也曾活跃着严格科学的目标。这两个目的或是根本没有得到区分，或是没有得到明确的区分。在实践追求中，它们融为一体；尽管追求者感受到它们高高地凌驾于自己之上，它们仍然只处在有限的远处。随着严格科学的超时间普全性的构建，以上情况得到了彻底的改变。一代又一代的人带着激情在为科学的巨大建筑工作着，他们为这个建筑添砖加瓦，并且始终意识到，这个建筑是一个无穷尽的、永远无法完毕的建筑。虽然世界观也是一个“观念”，但却是一个处在有限之中的、在个别生活中以不断接近的方式而原则上可实现的目标的观念；它就像道德一样，如果道德是一个原则上无穷无限之物的观念，那么它就将失去它的意义。世界观的“观念”对每一个时代来说都是不同的，这从前面对它的概念分析中已经可以完全清楚地看出。相反，科学的“观念”则是超时间的，而在这里，这就意味着，它不受任何时代精神的相对性限制。与这些区别相关联的是实践的目的朝向之本质区别。我们的生活目标在总体上有两种，一种是为了时代，另一种是为了永恒；一种服务于我们本己的完善以及我们同时代人的完善，另一种服务于后人的完善乃至最遥远的后代人的完善。
333 科学是一个标识着绝对的、无时间的价值的标题。每一个这样的价值一旦被发现就会马上从属于所有进一步的人类的价值宝库，并且它显然也会立即对教化、智慧、世界观以及世界观哲学这些观念的质料内涵产生规定性的作用。

82 因此，明确得到区分的是：世界观哲学与科学的哲学，它们是两个以某种方式相互联系、但不能被相互混淆的观念。在这里还需要注意：世界观哲学并不是科学哲学在时代中的不完善实现。因为，如果我们的观点是正确的，那么至此为止还不曾有过这个科学哲学观念的实现，也就是说，在我们时代的研究者共同体的统一精神中还不曾客观地提出过任何一门现时进行着的作为严格科学的哲学，还不曾客观地提出过任何一个哪怕是不完备的"学说体系"。另一方面，世界观哲学在几千年前就已经有了。然而人们可以说，这两个观念的实现（假定它们两者都能实现的话）会在无限中以逼近的方式相互接近，并且，只要我们愿意将科学的无限虚构地想象为一个"无限遥远的点"，它们也会在无限中相互重合。于是，在这里也要对哲学的概念作相应宽泛的理解，这种理解是如此宽泛，以至于除了特殊的哲学科学之外，哲学的概念还包容着所有那些通过理性批判的启蒙和评估而转变为哲学的个别科学。

83 如果我们将这两个不同的观念看作是生活目标的内容，那么相对于世界观的追求而言，另一种完全不同的研究追求也就是可能的，它完全地意识到，科学永远不可能是个别人的完满创造，然而科学在尽最大的力量通过与同道者的合作而帮助一门科学的哲学得到突破和逐步的发展。当代的最大问题就在于，在进行明确区分的同时，对这些目标作出相对的评价，同样也对它们在实践方面的一致性作出相对的评价。

84 从一开始就必须承认，从哲思着的个体的立场出发不可能作

出对这种或那种哲思的普遍有效的实践决定。一种人主要是理论人，他们在本性上便趋向于在严格的科学研究中寻找他们的职业，
334 只要这些吸引着他们的研究领域提供前景。在这里，对这个领域的兴趣，甚至是激情般的兴趣，或许是产生于情感的需要，例如产生于世界观的需要。相反，对于美学的和实践的本性来说（对于艺术家、神学家、法学家等等来说），情况则不同。他们将其职业看作是对美学理想或实践理想的实现，即对一个理论以外领域的理想的实现。在这里我们还要算上神学的、法学的、在最宽泛意义上技术的研究者，还有作家，只要他们通过其著述不是在促进纯粹的理论，而是首先想影响实践。当然，这种区分在生活现实中并不是完全纯粹的；正是在一个实践动机超强地上升的时代里，一种理论的本性也可能会比它的理论职业所允许的更为强烈地屈从于这些实践动机的力量。但在这里，尤其是对我们时代的哲学而言，存在着一个巨大的危险。

85　但这个问题并不仅仅是从个体的立场出发，而是从人类和历史的立场出发而得到提出的，只要我们考虑一下：倘若人们主要是在这个意义上，或是在另一个意义上对此问题作出决断，那么对于文化的发展、对于人类永恒观念的不断进步实现之可能性来说，这将会意味着什么；换言之，倘若对一种哲学的趋向完全地主宰着时代并且使另一种哲学——我们说的是科学的哲学——逐渐消亡，那么对于文化的发展、对于人类永恒观念的不断进步实现之可能性来说，这将会意味着什么。这同样是一个实践问题。因为，我们的历史影响，因此还有我们的伦理责任，一直会伸展到伦理理想的最宽泛的范围上，一直会伸展到那些标识着人类发展观

念的范围上。

86　如果已经存在着哲学学说的无疑开端，那么，这里所说的对一
种理论本性的决断将会如何作出，这就很清楚了。让我们来看一
下其他的科学。一旦相应的理论学说得到客观有效的论证，所有
自然形成的数学的和自然科学的“智慧”以及智慧学说也就随之而
丧失了权利。科学说了话，智慧从现在起便只能学习。在严格科
学的此在之前进行的自然科学的智慧追求并不是不合理的，这种
追求以后并没有被贬低为是它那个时代的产物。受着在实践中必
须作出执态这样一种生活渴望的驱使，人们无法等待科学——例 335
如在几千年后——的出现，哪怕假定他们已经完全知道严格科学
的观念。

87　而另一方面，每一门即使是十分精确的科学现在都还是一个仅仅得到有限发展的学说系统，它被包围在一个尚未真正形成的科学之无限视域之中。对于这个视域来说，它的合理目标应当是什么呢，是对严格科学的继续构建，还是“观点”或“智慧”？理论人、职业的自然研究者将会毫不犹豫地作出回答。只要是在科学具有发言权的地方，哪怕是在几百年以后具有发言权的地方，他都会对含糊的“观点”予以蔑视的拒绝。他会认为，对自然“观点”之设想的推荐就是对科学的亵渎。他显然以此而伸张了未来人类的一个权利。严格的科学之所以具有其伟大、连续性和充沛的持续发展力量，恰恰是因为有这样一些极端主义思想倾向存在。当然，每一个精确的研究者都在构建着自己的“观点”，他在进行直观的、预感的、超出坚实的被论证物而猜测着的观看；但这只是在方法方面，为了构想严格学说的新的部分。这种执态并不排除这样一种

可能，即：就像自然研究者自己所清楚知道的那样，前科学意义上的经验在自然科学的技术的范围以内起着巨大的作用，虽然这种经验是与科学的明察相联结的。技术的任务想要得到解决，房屋、机器应当得到建造；人们无法一直等待着，直到科学能够为所有相关的东西提供精确的咨询。因此，技术家作为实践者所作的决定不同于自然科学的理论家。技术家从理论家那里获得学说，从生活那里获得“经验”。

88　在科学的哲学方面，情况则不完全相同，这恰恰是因为连科学严格的学说之开端都还没有得以构成；而那些倡导这种学说的哲学，无论是历史上流传下来的，还是正处在生动发展之中的哲学，至多也只是一个科学的半成品，或者是一个世界观和理论认识的混合物。另一方面，我们在这里可惜也不能等待。作为世界观困境的哲学困境在逼迫着我们。实证科学的范围越是延展，哲学的困境也就变得越大。实证科学赠予我们以极为丰富的、得到科学“说明”的各种事实，而这些事实却不能为我们提供帮助，因为它们原则上——连同整个科学——都带有一个谜的维度，对这些谜的解答将成为我们的终生问题。自然科学并没有在任何一点上为我们解开当下现实的谜，解开我们生活、活动、存在于其中的现实之
336 谜。人们普遍地相信，自然科学的作用就在于解开这个谜，它只是还没有足够地达到这个程度；人们以为，它——原则上——可以做到这一点；对于目光深刻的人来说，这种看法已经表明自己是一种迷信。对科学与哲学——作为一门虽然在几个领域中与自然科学有关，但原则上带有另一种趋向的科学——的必然区分正在得到贯彻并得到澄清。用洛采（H. Lotze）的话来说：“计算世界的进程

并不意味着理解世界的进程”。“理解”人类的精神生活，这肯定是一件伟大而美妙的事情。但很可惜，即使是这种理解也不能够对我们有所帮助，也不允许被混同于那种为我们揭示着世界和生活之谜的哲学理解。

89 我们这个时代的精神困境事实上已经变得令人无法忍受。如果这只是一种打扰着我们的安宁的理论含糊性，也就是为自然科学和精神科学所探讨的“现实”之意义方面的理论不明晰性——即：在这些现实中，最终意义上的存在得到何种程度的认识，什么可以被看作是这种“绝对的”存在以及这种存在究竟是否可以被认识——，那么也就罢了。但这里所关系到的毋宁是一种我们所遭受的最极端的生活困境，一种在我们生活的任何一点上都不停足的困境。任何生活都是执态，所有执态都服从于一个责任（Sollen）、一个关于有效性或无效性的裁决，都依据于带有绝对有效性要求的规范。只要这些规范是没有争议的，没有通过任何怀疑而受到威胁和嘲讽，生活问题便只有一个，即如何在实践中去满足这些规范。然而现在的情况是，所有的和任何的规范都受到争议，或是在经验上受到歪曲并被剥夺了观念的有效性。自然主义者们和历史主义者们在为世界观而战，但他们是在两个不同的方面从事这项工作：将观念转释为事实并且将所有的现实、所有的生活都转变为一个不可理解的、无观念的“事实”混合物。他们两者的共同之处就在于对事实的迷信。

90 我们肯定不能等待。我们必须表态，我们必须努力在一种理性的、尽管是非科学的“世界观和生活观”中消除那种在我们对现实——它是对我们来说具有意义的生活现实，是我们在其中应当

具有意义的生活现实——之表态中的不和谐。如果世界观哲学家可以在此帮助我们，我们难道不应当为此而感谢他们吗？

91 无论在刚才所作的说明中包含着多少真理，无论我们多么不
337 想失去新老哲学为我们所展示的那些褒扬与鼓舞，在另一方面我们还是必须要坚持，我们始终意识到我们对人类所应承担的责任。我们切不可为了时代而放弃永恒，我们切不可为了减轻我们的困境而将一个又一个的困境作为最终无法根除的恶遗传给我们的后代。困境在这里是起源于科学。但唯有科学才能最终克服这个起源于科学的困境。如果自然主义者们和历史主义者们的怀疑批判将所有责任领域中的真正客观有效性消融在背谬之中，如果不明晰的、不一致的、尽管是自然生成的各种反思性的概念会造成阻碍，如果歧义的或错误的问题因此而阻碍着对现实的理解并且阻碍着对现实的理性执态的可能性，如果一种特殊的、但对一大批科学来说是必需的方法观点在习惯的使用中没有能力过渡到另一种观点之中，并且如果与这些成见联系在一起的是对世界之理解的令人伤感的背谬性——那么对这些恶和其他的恶就只有一个手段：科学的批判并且再加上一门彻底的、自下而上的、建立在可靠基础上并向着最严格的方法进步的科学：我们在这里所倡导的哲学的科学。世界观可以争执，唯有科学才能决断，而它的决断带有永恒的烙印。

92 因此，无论这种哲学的新变革朝向何方，确定无疑的是，它决不能放弃对严格科学的意愿，而是毋宁要作为理论的科学与实践的世界观追求相对立，并且要完全有意识地将自身与这种追求相

分离。因为这里也必须拒绝所有中介的企图。新的世界观哲学的赞成者或许会指责说,遵从这种世界观哲学并不一定就意味着将严格科学的观念弃而不顾。正当的世界观哲学家将不仅仅在奠基中是科学的,即是说,他会把所有严格的个别科学的被给予性都作为坚实的砖块来加以使用,他同样也会运用科学的方法,并且乐于把握每一个可能来对哲学问题加以严格科学的促进。他将不会再持有前一时期的形而上学之畏惧和怀疑,而是想带着冷静的胆识 338
去探讨哪怕是最高的形而上学问题,从而获得一个根据时代的状况而能和谐地满足智性与情感的世界观之目标。

93 只要这些被认作是中介,被用来抹消在世界观哲学与科学的哲学之间的界线,我们就要对此提出我们的异议。它只会导致对科学本欲的软化和削弱,并且会助长那种缺乏智性真诚的虚假文献。在这里不存在任何妥协,就像在任何一门其他科学中不存在任何妥协一样。如果世界观的本欲成为主宰一切的本欲,并且通过它的科学形式也欺骗了科学的本性,那么我们就不再能够期望理论的结果。几千年来,在科学意愿的激情驱使下,一些最伟大的科学心灵也没有能够在哲学中完成纯粹学说的任何一个部分,而他们所完成的所有伟大事业,即使是那些没有完全成熟的伟大事业,都只是出于这种科学意愿才完成的;在这里,世界观哲学家们总不至于认为,他们以顺带的方式便能够完成对科学的哲学的促进和最终论证。他们将目标设在有限的领域,他们想拥有他们的体系,而且他们也有充分的时间,以便根据这个体系来生活,但这些人决不会带有科学哲学的使命。这里只有一件事情要做,即:世界观哲学自己完全诚实地放弃那种成为科学的要求,并且同时停

止——这肯定与它的纯粹意向相背——它对人们心灵的迷惑以及对科学的哲学之进展的阻挠。

94 世界观哲学的理想目的可以始终纯粹地是世界观，而世界观按其本质来说恰恰不是科学。世界观哲学在这里不应受那种科学狂热的误导，这种狂热在我们这个时代实在过于流行，它将所有无法“科学—精确”证实的东西都评价为“不科学的”。科学是在许多其他的、同样合理的价值中的一个价值。我们在前面已经说明，尤其是世界观的价值，它完全是坚定地建立在自身基础上，它应当被认作是个别人格性的习性和成就；但科学则应当被认作是各代研究者的集体工作成就。正如这两者具有不同的价值来源一样，它们也具有不同的功能、不同的作用方式和传授方式。世界观哲学的传授就像智慧的传授：人格性求助于人格性。因此，在传授的过程中，唯有那些通过一种特别重要的特性和特有智慧而带有使命的人，或者是更高的实践兴趣的仆人——宗教的、伦理的、法律等

339 等兴趣的仆人，他们才能在这种哲学的风格中求助于更宽泛的公众圈。但科学是非人格的。它的合作者不需要智慧，而是需要理论才华。他所做的贡献会丰富永恒有效性的宝藏，这个宝藏必定会赐福于人类。但如我们在前面所见，这些事实在极大的程度上也适用于哲学的科学。

95 只有当这一种哲学和另一种哲学在时代意识中得到透彻的决定性区分，我们才能考虑，使哲学接受真正科学的形式和语言，并且将那种在科学上受到多重赞扬甚至受到效法的东西，即深邃，认作是不完善。深邃是混乱的标志，真正的科学要将它转变为一种秩序(Kosmos)，转变为一种简单的、完全清晰的、被阐明的秩序。

真正的科学在其真实的学说领域中不包含任何深邃。深邃是智慧的事情,概念的清晰和明白是严格理论的事情。将那种对深邃的预感改变为明确的、合理的构形,这是严格科学之新构造的一个本质过程。精确的科学也曾有过漫长的深邃时期。正如它们在文艺复兴的战斗中一样,哲学——我敢于这样期望——在当前的战斗中将会从深邃的层次挺进到科学清晰的层次。但为此还需要正确的目标确然性以及那种巨大的、完全有意识地朝向这个目标、并且包容着所有可用的科学精力的意愿。人们将我们的时代称作没落的(decadence)时代。我不能认为这个指责是合理的。人们在历史上几乎找不到一个活动着如此多的工作力量和获得了如此多成就的时代。我们可能并不总是赞同那些目标;我们也可能会抱怨,精神生活的花朵开放在更为宁静的、更为舒适的素朴生活的时代里,而在我们的时代中却无法找到和企盼类似的东西。但却不然,即使在我们这个时代中那些一再地被意愿的东西违背了美学的意义,自由生长物的美要更接近这种意义,但是,重大的价值仍然处在意愿的领域之中,只要这些巨大的意愿能找到正确的目标。然而如果人们虚构说,我们这个时代的意愿是一种低下的意愿,那么这便意味着,人们对我们这个时代是极不公正的。谁能够唤起信仰,谁能够激发对一个目标之伟大的理解和热诚,他就可以轻易地 340
找到力量来投向这个目标。我认为,我们这个时代就其使命来看是一个伟大的时代——它只是受苦于怀疑主义,这种怀疑主义正在粉碎着那些以往的、尚未被澄清的理想。而它因此也受苦于哲学的微弱发展和力量,哲学走得还不够远,它还不够科学,因而还不能通过真正的积极主义(Positivismus)来克服那种——自称为

实证主义(Positivismus)①的——怀疑的消极主义(Negativismus)。我们的时代只愿意相信“合理性”(Rationalität)。现在,它的最强大的合理性便是科学,所以哲学的科学是我们这个时代所最为需要的。

96 但如果我们在阐释我们时代之意义的过程中转向这个伟大的目标,那么我们也必须说明,我们只能以一种方式来达到这个目标,即:带着那种属于真正哲学科学之本质的极端态度,我们不接受任何现有的东西,不承认任何传统的东西为开端,并且不为任何哪怕是伟大的名字所迷惑,而毋宁是在对问题本身以及从它们中所产生的要求的自由献身中来试图获取开端。

97 我们当然也需要历史。但显然不是以历史学家的方式,迷失在伟大的哲学形成于其中的发展联系之中,而是为了让它们本身按其本己的精神内涵来对我们产生推动作用。事实上,如果我们能够观入到这些历史上的哲学之中,能够深入到它们语词和理论的灵魂之中,那么就会有哲学的生命连同整个活的动机的财富和力量从它们那里涌向我们。但我们并不能通过哲学而成为哲学家。一味地沉浸在历史事物上,对它们作出一些历史—批判的证实,并且想在折衷的消化中或在年代错误的修复中达到科学的哲学:所有这些都只能是毫无希望的努力。研究的动力必定不是来
341 自各种哲学,而是来自实事与问题。但哲学本质上是一门关于真正开端、关于起源、关于万物之本(ριζωματα παντων)的科学。关于彻底之物的科学必须在其运行方面也是彻底的,并且从任何一方

① 胡塞尔在这里运用了“Positivismus”一词所带有的双关意义。——译注

面看都是彻底的。首先，它在获得它的绝对清晰的开端之前不可歇息，这种开端是指：它的绝对清晰的问题、在这些问题的本己意义上所预示出的方法以及绝对清晰地给出的最底层工作领域的实事。在任何地方都不可放弃彻底的无前提性，例如不可从一开始就将这样一些“实事”(Sachen)等同于经验的“事实”(Tatsachen)，即在那些以如此大的范围在直接的直观中绝对被给予的观念面前佯装盲目。我们所受到成见的束缚过深，它们自文艺复兴以来便产生了。对于一个无成见的人来说，一个确定是源自于康德还是托马斯·阿奎那，是源自于达尔文还是亚里士多德，是源自于赫尔姆霍茨还是巴拉塞尔苏斯[①]，这都是无关紧要的。这里无须要求人们用自己的眼睛来看，而毋宁是要求：不要在成见的压迫下将看到的东西解释为不存在。由于在近代的最有力的科学中，即在数学—物理学的科学中，外在的大部分工作是根据间接的方法进行的，因此我们太多地趋向于过高地评价间接方法，并且误认直接方法的价值。但只要哲学是在向最终的起源进行回溯，它的本质便恰恰在于：它的科学工作是在直接直观的领域中进行；而我们这个时代所迈出的最大一个步伐便是，它认识到，借助于正当意义上的哲学直观，借助于现象学的本质把握，一个无限的工作领域便显露出来，一门科学便显露出来，它不带有任何间接的符号化和数学化的方法，不带有推理和证明的辅助，但却获得大量最严格的并且对所有进一步的哲学来说决定性的认识。

① 赫尔姆霍茨(H. L. F. von Helmholtz，1821—1894)，德国生理学家、物理学家和数学家；巴拉塞尔苏斯(Ph. A. Paracelusus，1493—1541)，瑞士医学家、化学家。——译注

附录一　作者以后加入的边注和补充[①]

第 25 段中：在“对它来说，根据前提和结果而进行的解谜就原则上是超越的”旁边加注：反心理主义的方法公式

第 39 段中：在当页下边加注：缺少对自然主义—心理学概念构成和内在心理学概念构成的明确区分，后者只含有一种外在联想的自然化。这是一个重要的方法区别。

第 42 段中：在“取自于那些在经验中”旁边加注：超越的经验

第 42 段尾：在“正想成为一门关于现象本身的科学”旁边加注：不准确

在“正想成为一门关于现象本身的科学”之后插入：而不想成为一门关于现象所展示的东西的科学。

第 43 段尾：在“它没有考虑”旁边加注：不完全准确

① 译自《文章与报告（1910—1921 年）》，《胡塞尔全集》第二十五卷。——译注

第 45 段中:在“追随自然科学的榜样”旁边加注:方法原则

第 46 段中:在“各个感知被看作是由各个”之后插入:处在同感联系之中的。

第 46 段中:在“作为杂多感性现象的统一而被给予的”旁边加注:被给予=本原地被给予。

第 47 段首:在“从属于它们的本质”之前插入:作为事物感知的本质意义

第 48 段中:在当页下边加注:这里的思路虽有缺陷仍然值得注意。内在的心理虽然受到心理学的—自然的统摄,但它并不因此而含有对它本质的改变,而只含有与自然有关的整理和归类。

第 48 段中:在“心理将自身划分到”旁边加注:心理(现象)本身不显现

第 48 段中:在“不是在对同一个主体”旁边补充:不是在对同一个,因而也不是在对不同的主体

第 50 段首:在“心理存在‘是’什么”旁边补充:在自身中本身是什么

第 50 段中:在“将这些再回忆又意识为被再回忆的东西”旁边加

注：时间构造

第 51 段中：在“通过事物经验和这种关系经验”旁边加注：心理学的统觉

第 55 段中：在“‘感知’、感知的自身之所是”旁边加注：感知（Wahnehmung）＝认之为真（Wahr*nehmen*）

第 57 段中：在“所有那些他在其观点中根本无法估测到并纯粹地表述出来的问题”旁边加注：因此也包括发生（Genesis）的问题

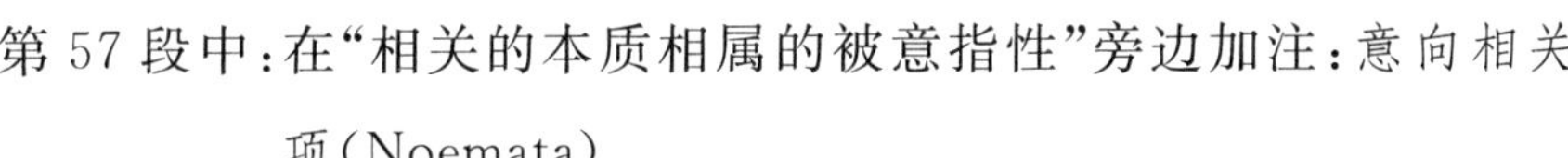

第 57 段中：在“相关的本质相属的被意指性”旁边加注：意向相关项（Noemata）

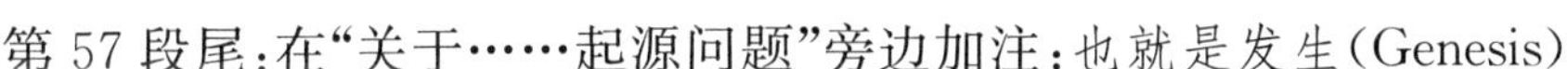

第 57 段尾：在“关于……起源问题”旁边加注：也就是发生（Genesis）

第 58 段首：在“可以直接地把握到”旁边加注：需要对“直接”做一个解释

第 59 段首：在“只要纯粹现象学是纯粹的并且”后面插入：尤其在旁边加注：不清晰

第 59 段中：在“都是在它的范围之外进行的”旁边加注：现象学纯

粹的对立项也就是本质的对立项

第59段中：在“将这个本质确立为个体”后面插入：客观的＝交互主体的

第62段中：在“刚才所揭示的东西”旁边加注：〔参阅〕第314页。在通常意义上的心理学认识预设了对在“现象的”内在意义上的心理之本质认识

第64段中：在“——无论是在个体意识的领域中，还是在共同意识的领域中——”旁边加注：因此，也在共同意识的领域中

第73段首：在“近代的世界观哲学是历史主义怀疑论的孩子”旁边加注：参阅洛采对哲学任务的规定〔洛采（R. H. Lotze），《逻辑学与哲学百科全书》，（*Logik und Enzyklopädie der Philosophie*）1883年〕，第85页：本质上是世界观哲学

第81段中：在“一代又一代的人带着激情在为”后面插入：作为观念的

附录二　全集本编者引论[①]

如果撇开几篇书评和为拉兰德(Lalande)的哲学辞典所撰写的短文[②]不论,那么"哲学作为严格的科学"是胡塞尔自1901年《逻辑研究》第二部分出版以来发表的第一篇较长的文字。这篇文章刊登在新创办的杂志《逻各斯》1911年第一卷的第三册上。早在1910年初,胡塞尔便答应李凯尔特(H. Richert)的请求而表示愿意"公开地宣告'参与'"[③]这份杂志。胡塞尔在此看到了他的决定的一个"不可避免的结果",即:"撰写某篇文字交付给杂志"。[④]根据他本人的说法[⑤],"哲学作为严格的科学"这篇文章是在1910/11年的圣诞节构思,从1911年1月起到2月中旬完成的。3月付印。

---

① 由《文章与报告(1910—1921年)》,《胡塞尔全集》第二十五卷的编者耐农(Thomas Nenon)和塞普(Hans Rainer Sepp)撰写。——译注

② 参阅:《文章与书评(1890—1910年)》,《胡塞尔全集》第二十二卷。

③ 手稿,R I Rickert,1910年1月25日。在此杂志直至1933年的所有各卷的扉页上都在参与者中列出胡塞尔的名字。该杂志自1933年起改名为《德意志文化哲学杂志。逻各斯的新系列》(Zeitschrift für Deutsche Kulturphilosophie. Neue Folge des Logos)〔由格洛克纳(H. Glockner)和劳伦茨(K. Larenz)主编〕。(在胡塞尔文库中,胡塞尔书信手稿的标号为:RI=胡塞尔本人写的信;R II=写给胡塞尔的信。编者在编辑《胡塞尔全集》第二十五卷时,十卷本的《胡塞尔书信集》尚未出版,因而这里引用书信时仍以胡塞尔文库中书信手稿的编号为准。——译者按)

④ 手稿,R I Rickert,1910年1月25日。

⑤ 参见胡塞尔本人《逻各斯》文章的藏本封面,文献编号K VIII 15。

这是胡塞尔在《逻各斯》上是发表的唯一一篇文字，而且他以后似乎也没有再参与杂志的进一步构建。

这篇文章用胡塞尔的话来说是一篇做“通俗”考虑的文章，[①]他本人将这篇文章称之为“对我的意向的一般特征描述”[②]。由于他在总体上为这种一般的特征描述披上了一件对同时代的自然主义、心理主义和历史主义流派进行批判的外衣，因此他预见到，这些阐述不会得到完全的赞同。1912 年，当德国的哲学教席日趋增多地为实验心理学家们所占据时，胡塞尔在给李凯尔特的信中写道：“我在逻各斯文章中已经明确地表达了我对此事的想法，并且完全意识到，我会因此而引来众多的敌意——而现在的确也是不少。”[③]

胡塞尔的自然主义和心理主义批判受到了那些在方法操作上基本依据经验心理学的哲学家们的公开反驳，例如埃尔森汉斯(Th. Elsenhans)和迈瑟尔(A. Messer)[④]。而在他所做的历史主义和世界观哲学批判方面，胡塞尔只是在私人信件中收到各种表态。例如，西梅尔(G. Simmel)不同意胡塞尔将最终的世界观问题(在“说不可说、解不可解”方面的努力)排除出去的态度。[⑤] 然而他并不认为胡塞尔的批判涉及到他。而狄尔泰——在文章中多次被点名称作怀疑的历史主义的开拓者——则认为自己被迫要对胡

① 手稿，R I Misch，1929 年 3 月 8 日。

② 手稿，R I Hocking，1912 年 7 月 7 日

③ 手稿，R I Rickert，1912 年 11 月 21 日。

④ 参阅胡塞尔计划发表在《康德研究》(Kant-Studien)副刊上的对他们指责的回应，现在刊载在《胡塞尔全集》第二十五卷的附录中(第 226 页以后)。

⑤ 手稿，R II Simmel，1911 年 3 月 13 日。李凯尔持在 1911 年 6 月 28 日的一封信中也有类似的表述。

塞尔的说法提出异议。他在评注前加了一个说明:“坦率地说,这样一种表述给我的第一印象是沉重的,因为您将我的立场描述为历史主义,它的合法结论是怀疑论,这种描述不得不使我感到相当惊奇。我一生的大部分工作都奉献给一门普遍有效的科学,它应当为精神科学创造一个坚实的基础和内在的整体联系。”[①]胡塞尔在他的回信中保证,他的阐述并非针对狄尔泰而发,他并且承诺:“我也会在《逻各斯》上立即发表一个附注,以预防进一步的误解”。[②] 此外,胡塞尔还认为,在他们之间并不存在“严重的分歧”,并且指出他们二人工作的共同点:“我们从不同的研究出发,受着不同的历史动机的规定,经历过不同的发展。我们所追求的和研究的东西是一致的和共属的:现象学的基本分析和现象学的总体分析,借助于由您所开辟的大文化构形的形态学与类型学。”[③]狄尔泰对胡塞尔发表这样一个附注的提议表示欢迎,但同时强调,可以“保留”他们之间的“分歧”,“直到您以后论述的发表”[④]。后来在《逻各斯》上没有发表那样的说明。稍后不久,1911 年 10 月 1 日,狄尔泰便去世了。[⑤] 胡塞尔对狄尔泰的矛盾态度还表现在他

① 手稿,R II Dilthey,1911 年 6 月 29 日。

② 手稿,R I Dilthey,1911 年 7 月 5/6 日。

③ 手稿,R I Dilthey,1911 年 7 月 5/6 日。

④ 手稿,R I Dilthey,1911 年 7 月 5/6 日。

⑤ 参阅胡塞尔在 1929 年 8 月 3 日给米施(G. Misch)的信中的表述:“根据狄尔泰的愿望,计划在《逻各斯》上发表的附注应当纳入到这样一项研究中去,一项与《建构》相联结的、探讨狄尔泰意向与我的意向之内在共属性的研究。”〔米施是狄尔泰的女婿。《建构》是指狄尔泰于 1910 年发表的著作《精神科学中的历史世界之建构》。胡塞尔于 1910 年 12 月 21 日收到狄尔泰的赠书。——译注〕

1928 年所作的“现象学的心理学”讲座的引论性说明中。[①] 胡塞尔赞同狄尔泰的历史学识和“天才的直觉”，他认为，狄尔泰反对那种想将自然科学的方法运用在精神科学之中的精神态度，这是合理的。然而，胡塞尔像在逻各斯文章中一样怀疑，狄尔泰的描述—分析心理学是否能够为那些精神科学之科学奠基所要求的问题提供一个实际的答案。

① 参阅：《现象学的心理学》，《胡塞尔全集》第九卷，由比梅尔（W. Biemel）主编，海牙，1968 年，第 5 页以后。

附录三　单行本编者内容提要[①]

1.哲学自古以来便致力于成为一门严格的、亦即精确的[②]、建立在原理之上的、普遍有效的和绝对明见的科学。

2.这些努力的唯一成熟之结果就是严格的自然科学与精神科学连同各门数学学科的建立与独立。而始终含糊不清并且迄今仍有争议的问题是:哲学是否能够在与经验科学的比较中证明自身具有一个特性并且具有一个特别使命。

3.按照成为所有科学中最高的和最严格科学之意图,带着人类对纯粹的和绝对普全的明察之要求,哲学从来没有成为科学。

4.它并不像经验科学那样是一门"未完善的"科学,它还没有开始成为科学。

5.它并非仅仅拥有一个不完备的并且仅只是在个别方面不完

① 威廉·斯基拉奇在编辑《哲学作为严格的科学》的第一个单行本(法兰克福/美茵,1965年)时,曾在原文后附有他所撰写的"内容分析"、"后记"等。译者在这里参考这个版本,将这些附录分别以"单行本编者内容提要"、"单行本编者后记"等标题译出、附上,以供读者参考。——译注

② "精确的"一词使用在这里不妥,因为胡塞尔在许多场合都将"精确的"与"严格的"作为相互对立的概念来使用。前者意味着自然科学方法的主要特征;而后者则是哲学方法的本质标识,胡塞尔在早期以自然科学为楷模,后期则意图为自然科学奠基。因此,在术语使用上区分自然科学方法与哲学方法并不是一个无关紧要的问题。——译注

善的学说系统,而是根本不拥有任何学说系统。

6. 尽管几百年的劳作提供了诸多伟大的成就,但所有这一切成就都只有在进行了真正的奠基之后才能现实地得到运用,通过对个别学说的批判改造并不能做到这一点。

7. 强调这一点是重要的。

8. 因为通过这个鲜明的宣言,我们有责任用无可置疑的基础来进行自下而上的哲学奠基。

9. 这个责任并非是新的。过去也曾进行过旨在真实开端(原理、起源)、旨在决定性的问题表述、旨在合理方法的研究。

10. 只是浪漫主义哲学(首先是黑格尔)才削弱和歪曲了构建一门严格的科学的哲学的欲望。

11. 对它的当下反应是自然主义和怀疑主义。

12. 另一方面还有历史主义,亦即对任何一门哲学在其自己时代的相对有效性的赞同。正因为此,新的"世界观哲学"得到了有利的传播,虽然这种哲学是反自然主义和反历史主义的,但它也不具有对科学性的彻底意愿。

13. 我们所追求的转变来源于新建一门严格科学意义上的哲学之意向的激励。流行的自然主义也在实施着这种意图。但自然主义在理论上是根本错误的,正如它在实践上对我们的文化来说意味着日益增长的危险一样。仅仅检验它的结论是不够的,需要对基础和方法进行积极的批判。本文的第一部分便致力于这种批判;第二部分则检验历史主义与世界观哲学的相对权利。

自然主义哲学[①]

14. 对自然主义哲学的批判。对于这门哲学来说，所有心灵现象都具有心理物理的自然，并且通过一种确定的规律性而得到规定。

15. 所有形式的极端的和彻底的自然主义都具有两方面的特征：一方面是对意识的自然化，另一方面则在于对所有观念的自然化，以及随之而对所有理想和规范的自然化。

16. 形式逻辑的规律被自然主义解释为思维的自然规律。自然主义者在其态度上是观念主义者和客观主义者。他在教诲，在布道，在训导，在改造。但他否认普遍的明见性和绝对的明察性，而这正是每一个布道、每一个要求本身根据其意义所预设的前提。

17. 在整个近代生活中也许没有比科学之观念更为有力深入的观念了。没有什么能阻止它的进军。在理想的完善中它似乎成了理性本身，没有什么权威能够与它相并列并且超越它。在严格科学的领地中因而肯定也包含着所有那些理论的、价值的、实践的理想，它们受到自然主义的歪曲，因为自然主义将它们改释为经验的。

18. 对于实现作为严格科学的哲学之可能性而言，仅仅反驳自然主义还不够。我们必须对它的基础、它的方法和它的结果进行积极的批判。

19. 自然主义作为实验心理学是根据精确的机械论的方式方

① 该小标题出现在前面胡塞尔的原文中，而在原编者的“内容提要”中则缺。但后面在第65—66段落上却列出了原文中的第二个小标题“历史主义与世界观哲学”。为使前后统一，这里补上第一个小标题。——译注

法来进行对意识的自然化。

20. 对此必须进行指责:一门事实科学不能提供一切规范化的纯粹原则。

21. 对心灵与意识的机械化也一同包含着对物理自然之实存的素朴设定。

22. 物理自然的科学不能服务于哲学的奠基,并且是出于以下的原因:

23. 其一是因为素朴性的缘故,自然科学带着这种素朴性而将自然理解为自明地确定了的和在先被给予的。就个别的经验及其联系来看,自然科学虽然是批判性的,但就经验一般的可能性以及经验一般的条件来看,它却不是批判性的;

24. 其二则是由于对反思展现出来的各个问题的缘故:经验逻辑意识的游戏如何把握客观的有效性,并且是在这样的前提下,即:陈述涉及自在自为地存在着的事物,同时不去检验:意识的进行方式是否并且为何对于事物之认识来说是无关紧要的。这里事关所谓的认识论,它的课题领域和基本状况比以往任何时候都可疑。

25. 一门"自然科学的"认识论之背谬是明见的。科学所提的问题对于科学来说是内在的,科学性的问题原则上是超越的。自然科学以及心理学和经验科学一般无法为自己提供本己的论证。

26. 自然科学的奠基必须将任何在客观和主观方面的实存设定加括号。

27. 研究的目的必须在于对意识的本质认识,亦即必须在于意识活动的所有样式,这样才能看到它在其所有可区分的形态中本身之所“是”。

28. 所有意识种类都必须根据被给予方式的形式之主线而得到研究。

29. 对于意识之本质分析来说，对被给予方式之基本种类的反思是不可或缺的。

30. 相应的反思科学是纯粹意识的现象学。

31. 心理学是“自然主义”意识的经验学说。

32. 诚然，现代精确心理学也不符合这个要求。它所探讨的至多是心理—物理的规则性。

33. 实验心理学与原心理学的关系类似于社会统计学与一门使社会学现象本身成为直接被给予性的社会科学的关系。

34. 精确的(实验的)心理学的缺陷之后果。

35. 实验方法是必不可少的，但它预设了对意识本身的分析，而这是任何实验都无法提供的。

36. 对于一门真正心理学哲学的开端来说，这个被忽略的原则同样有效：不是从语词概念中取出判断来，而是观看到现象之中去。

37. 这里所提出的任务并不是可以一举而解决的。首先必须弄清那些最粗糙的歧义性。这些歧义是无法避免的，因为“关于……的意识”具有一批混乱的形态。

38. 什么是事实，并且，如果我们以心理学为出发点，那么我们必须回到什么样的经验上去？是否存在着一门描述心理学的哲学可能性？(狄尔泰)必须首先进行某些特殊类型的意识分析，以便能够使素朴的、不可控制的经验成为在科学意义上的经验。

39. 对素朴经验被给予性的描述是借助于概念进行的，这些概念的意义与含义并不产生于这种描述并且不能通过经验而来控制。

40. 没有那些规定着对象的概念之奠基，心理学不能成为精确的科学，就像一门满足于“重”、“暖”等等日常含义的物理学也不能成为精确科学一样。

41. 经验在意识领域中所具有的概念成就还处在前伽利略时期的物理学阶段。缺乏对经验之意义的深入，或者说，对在经验中被给予的“存在”之意义的深入。

42. 经验的概念不是从经验之中产生的，而是被运用在经验上。这些概念相对于经验是先天的。

43. 因此必须考虑，在心理意义上的存在（意识存在）从自身出发对方法有何种要求。

44. 在这个被寻求的方法方面可以说，如果它以物理学的方法为楷模，那么它对于意识现象学来说也不充分的。

45. 遵循自然科学的榜样，这几乎就不可避免地意味着：将意识事物化。但是，对于意识来说，关于意识的经验根本不同于事物经验。

46. 事物经验的特征：a）同一之物，也是交互主体的同一者；b）事物只是它在一个空间、一个时间的统一之中所是；c）处在与所有其他事物现象的因果关系或联结之中；d）实在特性标示着同一之物变化在因果规律上所预示的可能性。

47. 因此，自然科学持之不懈地探讨着事物本身作为被经验之物而从自身中显现为何物的意义。

48. 在心理(意识)领域中的状况完全不同。心理存在,即作为现象的存在:a)不是一个可以被经验为同一的统一;b)它不是现象,因为它并不给出现象与存在的区别。只有"一个自然",即在事物显现中显现出来的自然;但意识现象并不只是显现的现象。

49. 一个现象不是一个"实体的"统一,它不具有"实在的特别属性",它不具有实在的部分、不具有实在的变化,并且不具有因果性。一个现象并不会保持着恒久的、同一的存在。

50. 它并不是被经验为显现之物,它是一个在反思中被直观到的体验。心理(意识)的统一与自然、空间和时间、与实体性和因果性根本无关。它的统一是一个通过一个贯穿的意向朝向所构成的河流。

51. 在内在的直观中,在追复观看现象之河流的过程中,我们从一个现象走向另一个现象,永远不会走向其他的东西。

52. 意识现象在这些行为的流动中具有巨大的变更性,它们既在观点的变换中,也与此相应地在那些关注样式的变换中发生着这样或那样的反转和变形。将行为聚合在一起的是这样一种东西:它们都是"关于……的意识",它们"意指"一个"对象之物",这个对象之物可以被描述为"被意指之物本身",即在某一个意指样式中被意指。

53. 现象学研究的彻底性和纯粹性因而取决于:a)对自然主义观点的排斥;b)现象是否完全被还原到自身之上,以便使它们可以在其单纯的单一性中被直观到并且在直接的概念中被描述出来。

54. 在如此还原之后,现象便具有一个在直接观看中可把握的、并且是相应地可把握的本质。由于本质概念牢牢地把握住单纯一单一的现象，它们便能够并且必须在直接的直观（本质直观）中得到兑现。

55. 因此，本质研究是对意识行为的分析。直观便意味着直接的意识到。它伸展得有多远，相应的“观念化”或“本质直观”之可能性便伸展得有多远。只要直观是纯粹的，完全停留在自身之中，被直观的本质便是绝对明见，并且可以在概念中得到确定，这些概念为单义的、客观的和绝对有效的陈述提供了可能。

56. 对这门伟大而全面的科学之建构和扩展要取决于对一种有别于经验的直观之实施。这种纯粹的直观是一种先天的（如已表明的那样）、但也在此意义上超越的直观，即它是对经验之经验、对感知之感知、对意识之意识。

57. 在经验方面对经验进行陈述的判断是绝对的、总体有效的认识，要想通过一种新的经验再对它进行论证是背谬的。对休谟的批判。他的怀疑论已经接近了现象学的边缘。但现象学本身无论如何是先天的“意识分析”，通过纯粹的问题，人的意识形成的经验问题才获得一种科学上可把握的意义。

58. 但一切都取决于，人们学会“看”，人们在直观中进行本质判断并且不将现象学的直观混同于“自身观察”，即是说，不混同于那些不是设定着本质，而是设定着相符的个体个别性的行为。

59. 个别之物在其内在之中只能被设定为“此物”，作为这个流逝的感知、回忆等等。它本身是偶然的，它不是本质，但它“有”一个本质。通过对本质联系的揭示，那些主导性的“原理”以及那些通过它们而被规定的“存在”与“意识”之相关方式便可以被看见。

60. “心理”之物被分派给身体以及物理自然的统一。对物理之物的依赖性属于“作为自然科学的心理学”的范围，相对于现象学而言，这门心理学是一门经验的科学。

61.但还要进行一种区分。心理作为身体的自然显现、作为自然的事物性带有一种统一，这个统一不是身体性的，而可以回指到各个意识流的生命统一上，回指到意识的统一之上。

62.这个新的确定证明，每一个在通常意义上的心理学认识都预设了对心理的先天本质认识，或者说，这种本质认识的原理构成了经验心理学的基础。

63.这种奠基关系没有受到重视，即使是当它被预感到时。对于我们的研究来说有效的是：“在直观态度中被把握和被描述的东西只有在直观的态度中才能得到理解和检验”。

64.科学心理学的基础因而在于通过一门系统的现象学来进行论证。这门现象学为那些适合于表述经验心理学经验的概念之科学意义与内涵提供规范。这些经验肯定至少要像通俗的自然经验一样丰富。只有在进行了现象学的奠基之后，它们才能够——与自然经验一样——得到科学的运用。

65.现象学的研究是在最好意义上的先天研究。它充分地考虑到先天论的所有合理动机。对心理学方法与现象学方法的批判区分在后者之中指明了一条通向科学的理性理论的道路并且使一门科学的心理学得以可能。

历史主义与世界观哲学

66.历史主义是在经验的精神生活之事实领域中活动。它的相对主义将它与一种特殊的怀疑论结合在一起。

67. 所有精神形态都被包容在精神生活的河流中；它们在精神生活的河流中具有其内部的结构，它们的类型学和它们的动机。我们可以去追复感受这些动机。历史的“理解”便是指明这些源自精神的发展动机的个别形态。“理解”或“解释”启示着“精神存在”。在对这个存在的直观研究中得到研究的是艺术、宗教、道德以及其他等等。同样还有在它们之中组成的并且同时也在它们之中得到表述的世界观。那些规定着它的本质的精神动机通过最内部的追复生活而得到理解。

68. 在《世界观》文集中，狄尔泰指出，通过那种包纳所有过去的观察，生命状态的某个个别形式、哲学与宗教丧失了绝对的有效性。

69. 对科学的历史发展也可以做同样的陈述。尽管如此，区分变动的起效用与客观的有效性、区分作为文化的科学与作为有效理论系统的科学仍然是重要的。在哲学中也是如此。我们以此明察并不能得到许多收获，因为那些具有历史结果的历史原因只能通过事实的经验而得到说明。但事实并不能为它们的可能性提供任何论证。

70. 因此很明显，只要一个哲学的批判确实应当提出有效性的要求，那么它根据其意义也就隐含着作为严格科学的系统哲学之观念可能性。

71. 对哲学史与对科学史一样，可以评价它们的个别伟大成就，但这种评价只是出于它们的经验动机和作用。评价的原理，包括那些相对评价的原理，都包含在观念的领域之中，评价着的历史学家无法论证这些领域。

72. 狄尔泰曾阐释，为什么心理物理的心理学不能为精神科学提供奠基；对这个阐述还应当做如下补充：唯有现象学的本质学才能够为精神哲学提供论证。

73. 世界观哲学的意义与权利。它符合于我们对完备的、统一化的、包容一切和理解一切的认识之欲求。它是对在世界之中的一个支点的采纳，这种采纳看上去要比一门世界科学更为本质，这尤其是因为历史主义的怀疑论在后者那里占了上风。

74. 世界观因此具有一个独特的目的论作用，即作为一个时代的最高层次的生活经验、教化和智慧。

75. 区分：生活经验、教化、世界智慧、世界观。

76. 与人类态度的所有可能方向有关的习性上的精明。与此密切相关的是被出色地培养起来的能力，即能够对这种态度的对象性进行批判的能力，或者说，能够对这种态度进行明确论证的能力。

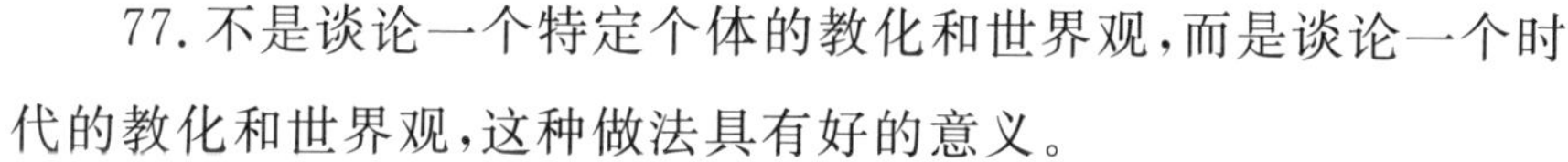

77. 不是谈论一个特定个体的教化和世界观，而是谈论一个时代的教化和世界观，这种做法具有好的意义。

78. 从科学的整体内容中以及从具有说服力的共同体之教化动机中产生一个非常的扩展和上升，它们在大体系中对生活与世界之谜提供了相对完善的答案。

79. 相对完善的精明，即是说，人性之观念的相对完善之映射符合于可能态度的基本种类，或者说，对自己在世界之中的位置之采纳的基本种类。

80. 从对最佳道路的自然反思中产生出一门工艺论，它要求具有超主观的和束缚性的有效性。同样，这门工艺论也进入到世界观哲学之中，世界观哲学便因此而成为最具价值的教育力量的一个发射点。

81. 世界观哲学的伟大意义使得那种对建立严格哲学的要求不会成为多余。世界观被局限在个别生活上，每一个时代都局限在不同的个别生活上；科学的观念是超时间的。

82. 因而世界观哲学与科学的哲学作为两个以某种方式相互联系，但不能相互混淆的观念便明确地相互区分开来。

83. 世界观的追求虽然是一门严格科学哲学的前提，但世界观哲学不能阻碍严格科学哲学的突破。

84. 对于这种或那种哲学活动来说，有可能没有给出一个普遍有效的实践决定。在生活现实中的决定不可能是完全纯粹的。在这里存在着一个尤其是对于我们时代哲学而言的危险。

85. 因为这个问题必须从人类和历史的立场出发来提出。

86. 另一方面，在生命的冲动中，在实践的必然性中，人们过去未能并且现在也不能等待，直到严格科学的观念实现后再作出表态。

87. 技术家作为实践家所做的决定不同于科学的理论家。前者从后者中获取学说，从“生活”中获取经验。

88. 科学的哲学则不是这种情况，它事先必须克服这样一种状况，即：它是一个由世界观与理论认识所构成的无别混合体。

89. 我们时代的困境事实上已经令人无法忍受。这不仅是因为关于自然之存在和历史现实的问题以及关于那些被看作是“绝对”存在的东西之问题没有得到解决。关键是我们的极端的生活困境。生活就是表态。这只能在纯粹原理的基础上才是可能的。相反,自然主义者们和历史主义者们正在将所有现实、所有生活都转变为一种不可理喻的“事实”混合体。

90.我们肯定不能缺少一种理性的、哪怕是非科学的“世界观和生活观”。

91.但由于自然主义者们和历史主义者们通过这些含糊的和错误的问题而妨碍了对现实的理解以及对现实进行表态的可能,我们就必须追求一门彻底地自下而上地提出的、建立在可靠基础上的、并且根据严格的方法前进的科学:我们在这里所倡导的科学的哲学。

92.尽管世界观哲学不言自明地乐于把握对哲学问题之严格科学要求的每一个可能性,对这两者的分离也必须得到进行。

93.这里不存在妥协,在这里和在所有严格奠基的问题中都是如此。

94.已经得到表明,世界观的价值尤其是建立在特有的基础之上,但它必须被看作是个别人格的习性和成就。相反,科学则是非人格的,并且在最高程度上是作为严格科学的哲学。

95.我们的时代具有其特有的伟大之处;这个时代的困境只是在于,哲学的发展与力量过小,它还不足够严格,以便能够克服怀疑的消极主义。哲学的科学精确性是我们这个时代的最大困境之根源。

96.因此,极为必要的是这样一种唯一可能的哲学态度:不将任何传承之物当作是有效的,而是自由地献身于问题本身并且遵循那些发源于它们之中的指示,由此而试图获得奠基性的原理

(开端)。

97. 哲学的生活从历史上的各门哲学之中——如果我们能够观入到这些哲学中去——流向我们,带着它们的全部财富和生动的动机之力量。但研究的动力必须起源于事实与问题,而不是源自各门哲学。哲学是原开端的科学,是论证性原理的科学,是关于人类知识和行动之根源的科学(正如笛卡尔也曾强调的那样)。它的彻底的、从根源起而上升的进程要求绝对清晰的开端、方法,它们的标志在于那些主导性的开端原理,以及对这些实事的清晰明见,即在直接直观中大范围地绝对被给予的实事。哲学的真正成就必定在于:它回溯到最终的起源上,它通过哲学直观,即哲学的本质把握,无须推理和证明的辅助,借助于直接的看而获得大量最为严格的奠基性认识。

附录四 单行本编者后记[①]

这篇多年来已几乎无法得到的论文是在半个世纪前，即于1911年发表于《逻各斯》杂志的第一年度上。它的效果是极为巨大的，是对哲学长期迷惘的一个解脱。在此期间，这篇文字虽然已经几乎无法得到，但对它带来的震撼的回忆还一再发挥着影响。这个效果的原因何在，这个振动的起因何在？

这篇论文包含着对哲学研究之新论证的主导定理。它们在胡塞尔一生中都始终是给定着方向的。即使胡塞尔在他生命终结时半途而废地有所屈服[②]，他仍然如此宏伟地将他最重要的意图加

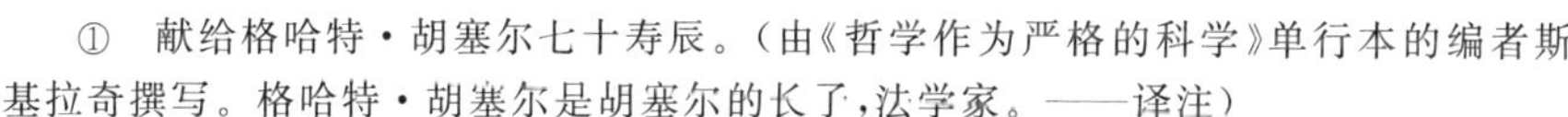

① 献给格哈特·胡塞尔七十寿辰。（由《哲学作为严格的科学》单行本的编者斯基拉奇撰写。格哈特·胡塞尔是胡塞尔的长子，法学家。——译注）

② 单行本编者的这一说法有误。根据胡塞尔本人在1935年期间所做的一个笔记“哲学作为科学，作为严肃的、严格的、甚至是绝然严格的科学——这个梦已经破灭”〔胡塞尔，《欧洲科学的危机与先验现象学》，《胡塞尔全集》第六卷，海牙，1962年（第二版），第508页〕，许多人认为胡塞尔在其后期放弃了对哲学的科学性之要求。关于这方面的批评除了斯基拉奇在后面所做的之外例如还可以参阅施特拉塞尔（St. Strasser）：“埃德蒙德·胡塞尔后期哲学中的上帝问题”（Das Gottesproblem in der Spätphilosophie Edmund Husserls），载于：《哲学年刊》（*Philosophisches Jahrbuch*），第67期，1959年，第132—133页；霍尔（H. Hohl）：《生活世界与历史。埃德蒙德·胡塞尔后期哲学的基本特征》（*Lebenswelt und Geschichte. Grundzüge der Spätphilosophie Edmund Husserls*），弗莱堡/慕尼黑，1962年，第78页，以及其他等等。但伽达默尔早已指出这个解释是错误的，对此可以参阅伽达默尔：“现象学运动”（Die phänomenologische Bewegung），载于：《哲学环顾》（*Philosophische Rundschau*），第11期，1963年，第25页；此外

以实施，从而使这些意图在每一个真正哲学的努力上都打上了自己的烙印，并且还将一再地打上自己的烙印。

这个对同时代人发挥如此重大影响的震撼性革命究竟是什么？在伟大的德国古典哲学逐渐枯竭之后，在哲学领域遍地是这样一些出版著述的洪水，一部分是素朴实证主义的著述，一部分是心理学的著述，一部分是世界观的著述。尽管几乎是在任何一个问题上都不存在一致，这一大批完全相互矛盾的著述都使用哲学这个令人敬畏的名称。今天的情况或许还要糟糕。谁还能在那些每星期都发表的连篇累牍的著述中说明，什么是哲学？谁还能帮助学习者们摆脱他们的窘境？看上去真的像康德所说的那样，人们无法传授哲学，只能传授哲思。但哲思又取决于，占主导地位的是哪一种关于哲学之特性的观念。

胡塞尔所提出的勇敢问题在于：人们为什么不能从哲学中发展出一门例如像物理学那样精确的科学：一个知识领域，它含有普遍约束性的公理，在这个领域内没有为不同的意见、个人的信念、随意的提问留下任何位置，并且它为每一个带有普遍约束的明见

还可以参阅江森（P. Janssen）：《历史与生活世界。关于胡塞尔后期著作讨论的一篇论文》（*Geschichte und Lebenswelt. Ein Beitrag Zur Diskussion um Husserls Spätwerk*），海牙，1970 年，第 XX 页以后，注 16 和注 142；奥尔特（E. W. Orth）："胡塞尔与黑格尔。关于哲学中历史研究和系统研究之关系问题的一篇论文"（Husserl und Hegel . Ein Beirag zum Problem des Verhältnisses historischer und systematischer Forschung in der Philosophie），载于：比梅尔（主编）：《人的世界—哲学的世界——帕托施卡纪念文集》（*Die Welt des Menschen-Die Welt der Philosophie. Festschrift für Jan Patocka*），海牙，1976 年，第 217 页，注 10；尤其参阅兰贝克（K.-H. Lembeck）：《历史对象——胡塞尔现象学中的历史科学》（*Gegenstand Geschichte. Geschichtswissenschaftstheorie in Husserls Phänomenologie*），多德雷赫特等，1988 年，第 54 页，注 18；他在这里指明，胡塞尔于 1935 年 7 月 10 日写给 R. 英加尔登的信〔参阅胡塞尔：《致英加尔登书信》（*Briefe an Roman Ingarden*），海牙，1968 年，第 92—93 页〕提供了一个清楚的证据，说明胡塞尔的这个笔记只是对当时流行观点的一个短评，而非自己的观点。——译注

性之讨论提供了一个普全的基地。寻求这样一门“严格的科学”并且至少勾画出它的轮廓，这便是胡塞尔为自己制定的毕生之任务。

第一个基点在这篇论文中得到了扼要的阐述。毫无疑问，胡塞尔在这里考虑到了自然科学的例子。它们也曾有过混乱的前史，直到伽利略、笛卡尔和莱布尼茨在整整一代研究者的帮助下找到那个概念性的基础，它使得人们能够确定，应当如何理解自然并且应当将自然理解为何物，以及应当从丰富的现象中提取出哪些对于科学而言至关重要的对象。自然已经作为可测要素的可测联系而成为科学的课题。它得以成为严格的数学处理之对象。

但哲学呢？胡塞尔没有去注意，哲学并不像根据初步的、并且肯定有误的印象所表现出来的那样处在一个凄凉的境地。他不关注哲学在科学奠基方面以及除此之外在澄清人类此在方面所作出的巨大成就。他为自然科学的成功，也包括在对人类此在的组织方面的成功所吸引。这种吸引力对于总体事业来说具有重要的、并非始终有利的结果。但我们对此并不感兴趣；对于我们来说，重要的问题首先在于，他的意图是什么，以及他如何实施这些意图。

1. a)对哲学的论证和单义严格的实施绝不能接受自然科学的“严格”论证之模式。哲学不是自然科学，即使将人的心灵生活看作从属于自然的，哲学也不是自然科学。人的心灵、人的意识(胡塞尔在最初的起点上以同样的意义谈论心灵与意识)只能与身体相联结地作为心理—物理的统一出现。但任何一个关于事物的表象都不属于事物的物理发生，任何一个思想、愿望或感受都不是物理现实的一个部分；它们不是这个现实的组成部分。毕达戈拉斯的定理不会在一个三角形被毁时消逝。另一方面，心灵现象是个体的,而自然显现则不是个体的。心灵之物并不像自然客体那样对每一个观察者都是同一的,它不是在所有时空变化中的同一载者,而始终是个体有别的,甚至在同一个个体那里也随他的境况不同而有别。心理不具有那种持恒的、同一的存在,这种存在本身在自然科学的意义上可以得到客观的规定。

b)但更重要的是以下的问题。哲学根本不朝向实在世界联系的事物。它不是那样一种科学,这些科学对应于杂多的显现而各自占有它们自己的部分。哲学所研究的是科学性一般。作为关于存在者之存在的问题,哲学为这样一些问题做好了准备,这些问题应当为不同的对象领域规定:必须如何理解它们的存在。哲学带着什么—存在的问题超越了课题性的被给予之物。它是一种超越的研究。它是所有那些论证着各门科学的原理之源泉。它不能从科学中可以说是取回它的原理。

c)我们不能抓住显现不放。现象学用其名称便已经说明它突出于显现之上。一个现象如何在特征上突出于显现?自然科学所探讨的是显现,探讨它们的秩序和它们的合规律的联系。自然在显现中展示给自然科学。这就是说,对于科学来说只有在事物显现中显现的自然。但不仅仅有一个在意识显现中显现的意识,而且在此之后还有一个意识,这个意识朝向第一性的显现,它是一个执态的、自身构成的、自身改变的意识。这种双重化引发了一个新的标识。它叫做反思。每一个意识活动、每一个意识体验都与一个反思结合为一。唯有当反思同属于"显现"的组成时,我们才能将这些显现称作现象。

2.出于以上这三个原因,对哲学的严格、单义的论证不可能根据自然科学论证的模式来进行。但究竟又是如何进行的呢？这个任务看上去要比形成着的自然科学所面临的任务要困难得多。无论如何可以从这些被揭示的原因中得出一个暂时的结论（Momento）。哲学的工作领域是人的意识。如果这门应当朝向意识的科学可能会因为对自然过程的一同观察以及因为与自然科学解释的结合而受到干扰，那么意识现象就必须首先得到纯化，从而摆脱所有那些事物性显现解释的要素。胡塞尔将这种纯化称作还原。意识现象必须还原到它们的纯粹性上。在所有还原之后留存下来的便是本质，现象与现象流的本质。在真正的意义上，人们只有在现象学中，并且即使在这里也是在进行了还原之后，才能合理地使用"本质"这个术语。

还原的实施有多么困难，应当采取哪些预防措施，这些都表现在：还原必须在四个阶段上得到重复，直至一个意识现象可以得到完全纯粹的把握。[①]

还原并不意味着放弃意识与对象世界的所有关系。如果哲学想使意识在其纯粹性中得到明察，那么对它来说，这便是一个基本命题，即意识始终是关于……的意识。这个"关于什么"并未被宣告无效，它只是首先"被加括号"，以便可以进一步地将对"关于什么"的指示纳入到"功效意识"的可能性之中。研究者首先中止任何执态。胡塞尔将这种中止称作悬搁，它是对哲学所必须具备的苦行主义之严格性的表达。生存存在论——哲学的成果一一证

① 参阅我的《埃德蒙德·胡塞尔现象学引论》（*Einführung in die Phänomenologie Edmund Husserls*），图宾根，1959年，第二章。

明，尽管有这种严格性，哲学仍然能够得到意外丰富的繁荣。

3. 我们在这里无法阐述，这四个纯化过程如何发现纯粹意识的不同层次。主要的任务在于，在如此的纯粹性中直观意识，这样，在意识本身上进行的一种比个别科学之奠基更为严格的哲学奠基便得以可能。

纯粹意识是一个永不枯竭的、无法预见的行动序列，也被称作"行为"序列。迄今为止，哲学在其整个历史中都将意识看作是"实体"，它的个别要素应当得到研究。胡塞尔是第一个将意识看作行动序列而非实体的人。形象地说：取代意识解剖学的是意识生理学，取代统计学的是动力学。这个自身运动的意识行为之宇宙一直伸展到无限之中，这样，通过活动性的每一个波浪都既可以引发向后作用的动机，也可以进行向前作用的预先规定；这个意识行为的宇宙对于哲学来说是一个如此令人鼓舞的景象，一个如此令人醉心的发现，以至于它可以被用来建立一个新的、具有统一方向的哲学开端。这篇论文本身便是开端。胡塞尔还没有像稍后（1913年）的《纯粹现象学与现象学哲学的观念》（《胡塞尔全集》第三卷，第一册）中所做的那样深入到个别性之中。但纵使是在对几个准则的预告中，这篇论文也是一篇独特的文献，它可以与笛卡尔的《方法谈》具有等同地位。

最重要的方法预告在于将意识行为的特征描述为意向的。意识行动之流既非无方向，也非无联结点和各个重要的中心。这个意识行动之流具有其唯一的形式，带着"一条贯穿的意向主线，它可以说就是那个穿透一切的统一的标记"（第313页）。我们可以思考这一确定的重要性。对于康德来说，意识的统一（在纯粹统觉的综合统一之中）是由“我思”来保证的；对于胡塞尔来说则是这条贯穿的意向主线。不仅意识之实体性的想法已经成为多余，而且它的主体性的作用也只是名存而实亡。一个领域被获得，这是一个无限的连续（就像空间和时间对于物理学的理论论证一样），它可以用纯粹的运动概念来把握。实体概念与主体概念不再是真正的思想的工具。它们应当在一个对基本意向行为之关系的先天奠基内找到其位置。意向性与行为几乎是不可区分的；行动所追随的意向之素朴意义已不复存在。在实施行动之前的意向也已经是体现（Präsentation）的行动。由于每一个意识行动都是意向的，因而它在内容上是相关的。如果还原步骤得到实施，那么这些行动便不是我的行动，而是可以在不带主观从属性之标识的情况下得到纯粹的把握。

现在的任务在于，在这个先验先天的、经过纯化而摆脱了所有事物性要素的领域内发现意识的最简单行动。简单性不是一个次要的要求。它意味着摆脱任何一种综合。撇开综合所带有的对先天纯粹性的危险不论，简单性是为下两个方面提供了保证：一方面它保证，被把握到的是最基本的形象，另一方面它保证自身被给予的明见性。这个简单—最简单的东西只能是基本现象。如果还有可能进行一个分析的划分，那么我们所涉及的便肯定不是基本现象。亚里士多德便曾如此地寻找过简单之简单（απλονζαπλουν），并且将它作为真理的标准。因而第一性的任务始终是分析。亚里士多德所涉及的不是纯粹现象，因为他首先感兴趣的是已知之物，是表象性的被获悉之物，而不是知识的行动。很明显，简单—单一的现象实际上也是明见的。它所展示的无非是它自身,并且可以抵御任何怀疑主义。胡塞尔可能受到笛卡尔在完全简单的明见性中对理论物理学之构建(《哲学原理》,第二部分)以及他所赞赏地提到的费希特的知识学的影响。明见性标准对于胡塞尔一生来说都是一个比“真”的标准更为严格,也更无问题的标准。

简单—单一的意识行动是纯粹“意向的”行动。它对于胡塞尔来说是一个如此根本的“重要性”,就像那些在理论物理中承载着对理论物理之论证的“重要性”一样。将意向性称作意识行动之特性的说法是草率的。意识行动是意向。谈论一个联系,即在意向与所向(Worauf)之间的联系会使人迷惑。(貌似)同一之物出现在不同的意向中,例如在感知、回忆、期待、想象、猜测等等,这当然是正确的。这似乎表明,可以谈及两个可分的要素,可以谈及在所向保持相同的情况下意向的变换。但这个保持相同是一个幼稚的自身欺瞒。一块被感知的蛋糕并不与被回忆、被想象或被渴望得到的蛋糕是同一块蛋糕。人们可以试着想象一下康德所说的单纯被表象的一百塔勒[1]。不仅意向有所不同,而且对象也各不相同。下面还将继续谈及这一点,因为在胡塞尔本人那里,对此问题的阐述也含糊不清。

更为重要的是第二个明察。纯粹的意向统一是在进行了还原之后的现象,但这时已经摆脱了所有的事物性。对一块蛋糕的直观、对蛋糕的表象或对蛋糕的欲求是素朴生活的显现。它们在其构建联系方面是经验意识的对象,但绝不是在那个已阐述的意义

① 塔勒:18世纪的德国银币。——译注

上的现象。意向的纯粹的意识行为被打上了一个空乏的所向之印记：关于……的直观、关于……的表象、关于……的欲求等等。纯粹的关于……规定性的标记、所有意识行为的这个最重要特征必须始终得到关注。它只能在纯粹的直观中被达及。几何学家便是如此地在纯粹的直观中看到他的图形的简单可读数，而物理学家则看到时间、空间、量的状况。胡塞尔显然常常依据于在这些科学的理论奠基中的原理(开端)和方法。纯粹的直观已经足以能够把握个别的、孤立的、纯粹意向的统一。对它们之间联系的重要展开则要求有一种动态的直观，胡塞尔将它称作内在的直观。内在直观展示着基本砖块的纯粹联系模式(意识的游戏规则，第 300 页)，一方面将它展示为这样的样式：如关于……的直观、关于……的表象、关于……的想象，另一方面则将它展示为一个意向统一的样式，例如在不同"观点"中的关于……的直观。我们由此而可以得知，即使是最简单的意向统一自身也具有一个生命，它们可以置身于不同的样式之中，同时却并不丧失其简单和统一。这个单纯理论设想的前进之最初可能性得以展现出来。一个纯粹意向统一的样式变更构成了一个严格封闭的统一。胡塞尔非常恰当地使用了亚里士多德的标识：埃多斯(Eidos：本质)。埃多斯是一个事态的形象，但却是这样的一种形象，即：它将作为变更的形象构成之规则包容在自身之中。一棵树的本质并不是瞬间的、可以摄影的形象，而是关于树在不同的观点中(在方式、种类、季节、场所等等方面)可能显示的形象。埃多斯是各种共属于一个个别现象的同一范围的可能性之统一。胡塞尔将此视作哲学的伟大进步之一，即：对各个规定着研究方向的埃多斯的坚持以及对"本质变更"的划

界。这个任务实际上要比看上去更难。在日常熟悉的领域中坚持“本质变更”是简单的,例如对苏格拉底—形象的变更。但如果要在变更可能性的未知范围中进行研究,那么就必须逐一地把握那些将一个现象与另一个现象联结在一起的结合点。作为辅助手段而起作用的是,现象具有一条自然流,它可以摆脱可能的偶然性。“当我们在内在直观中追复观看现象流时,我们从一个现象走到另一个现象”(第313页)。

我们追复地观看什么?每一个现象都是孤立自为的。一个现象追随另一个现象的过程是一种什么类型的过程?这难道不正是那个应当被加括号并且应当被搁置的具体事物世界?这种误解是很容易发生的。但对此必须说,先天—先验的奠基不是一个自身目的,并且不是在一个真空着进行的。不言而喻,这种奠基的成就在于纯粹的意识行动连同对实在世界之显现的观向(Hinblick)。胡塞尔的主张在于:自然显现的实在河流只能在联结—模式中被经验为河流,也正是在这种形式中,纯粹造就着的(leistend)意识将现象相互结合在一起。这个确定要比它听上去更为困难。我们在事实生活中只看见我们每次将观点所对准的东西。观点(对意向的素朴标识)是极为重要的。我们的观点未至之处,我们也就根本看不到。一个无观点的、普全包容的观察是无法实施的。这一点在人们想描述某些被看到的东西时便可以注意到:在这种情况下,不仅描述会是主观的,而且它也丝毫不严格。相反,对先天唯一可能的结合方式的展示则使得在实事上具体的、科学的显现如此易读,就像一篇文字对于那个谙熟各个字母并掌握它们联结可能的读者一样。纯粹现象学会使我们熟悉那些通过意识行动而为我们所达及的字母和它们的联结可能。通过它，我们的具体一实事的生活世界便会变得可读。还要说明的是：这里所说的是由意识行动本质所构成的先天规定性，而不是历史的相对性或产生于世界观之中的习惯、成见等等。这里所涉及的是绝对的本质必然性。胡塞尔甚至使用“绝对语法”这个表述；这是合理的，只要我们考虑一下那些字母以及那些句法的形式便可，在这些字母中并且通过这些句法形式，世界变为“可读的”或可讨论的。如果逻辑学或思辨语义学摄取了这个表述，那么它将会是令人迷惘。内在直观利用被直观到的先天意识成就，从而在追随现象之流的过程中使世界变得可读。

这样便可以理解这句难懂的话（第 313 页）：“唯有当内在直观和事物经验得到综合时，被直观的现象（即在内在直观中纯粹被直观之物）与被经验的事物才会发生联系”。这个联系便是“世界文本”的“可读性”。它的形成与胡塞尔在本真意义上称作构造的东西相符合。它的成就在于，所有起先是超越的东西都是可以内在地被把握的。（参阅我在《埃德蒙德·胡塞尔现象学引论》第 92 页和第 115 页上对“自发被动性”的论述。）

这个新设想的科学之构建当然还只是在大致的特征方面得到扼要的阐述。这里的主线在于坚持：现象学的直观不是在素朴意义上的经验，而是朝向经验的经验，即是说，它使经验的规则成为一个新的、先验经验的对象。这种内在的、先天的规则制约着这样一些方式方法，例如：某些种属的本质如何与另一些种属的本质相联系，概念与直观如何相互结合，或者说，如何能够相互结合，如此等等。这些指示描述着现象学的分叉并且暗示着现象学的范围。

它们无法做得更多。想以教条的方式坚持它们,并且想在它们那里看出更多的东西,那甚至将是错误的。

对那些为胡塞尔以巨大的努力在所有领域中实施的个别"程序"之阐述并不属于这篇论文的范围。在这里引起我们兴趣的只是一个唯一的意图:通过意识行为并且就意识行为本身的整个成就范围而言对意识行为的存在规定进行先天的、不可动摇的奠基。

4.在世界观哲学方面的境况则不同。尽管它始终是带着对一个绝对有效性的最高要求而出现的,但在其历史的变化进程中从未获得过一种明见性。就那些大的时代而言,世界观哲学要比那些经过理性论证的体系更为杂多。如果人们考察整个人类,那么一个世界理解、世界阐释、世界充实的前提绝不能被纳入到一个在实事上得到论证的次序中去。尽管如此,世界观与那种被寻求的对哲学之严格论证之间有着密切的联系。在世界观中得到表达的是意识主动性对所有那些它所遭遇到的东西和所有那些遭遇到它的东西的执态。胡塞尔虽然说明,对世界的阐释依赖于科学的总体内容,这个总体内容作为共同精神的有效要求与个体相对立。就此而论,世界观依赖于一个时代和一个社会所具有的科学的和科学—技术的明察。很容易提出这样一个命题,即:这种超越出当前科学境况的丰富构成之外的世界观是一种幻想。但事情并非如此简单。因为,什么叫做:世界观?在其总体性中的世界对我们来说永远不会是现前的,并且它绝不会直接地为一个直观所达及。

胡塞尔从狄尔泰的伟大论文中获得最初的启发。这些论文之所以能打动他,其一是因为它们与一门自然科学的、机械论的心理学正相反对。其二是因为狄尔泰将世界观看作在一种特殊的、独立于科学的内心态度中的哲学之起源地。对于狄尔泰来说，世界观的基本要素是具体的生活经验，它们聚集为一个综合，一个由人们自己以及与他人所获得的不同个别“经验”之总和。这些经验规定着各个个体的生平。在各个生平的联结和统一化中形成图像，它们使“世界”这个在其存在方式上不确定的联系作为世界图像得以被看见。这些世界图像根据那些应当具有引导作用的生活理想来向人提出要求。

任何人的生存都不能没有世界观，世界观可以说具有一个被动的和一个主动的方面。被动的方面是指，生活经验是人所承载的命运，并且作为接受性而不给自由留下余地。主动的方面是指人在其生活中致力于实现的理想。世界图像联结着这两个因素；一方面是生活经验，另一方面是生活理想；这是意向的自由产物，但还不独立于日常生活对每一个人所施加的强制力。这种联系没有为狄尔泰所看到；他滞留在对世界观类型的描述之中，没有对现象本身进行先验的研究，胡塞尔用世界理解、世界解释和世界充实的因素来界定这种现象本身。生活经验、世界图像、生活理想奠基于理解、解释和充实之中。世界观因此是对一个支点的保证，正是这个支点才给予意识活动以严格的束缚性；与此支点相对立的是一种无支撑性，意识在世界中的境况自身总会隐藏着诸多诱惑。世界观是意识的自身主张，没有世界观，意识的整个先验—先天的顺序排列（Schematismus）都是无法确定的，都是松散、松弛的并且受偶然支配，不具备必然明见的绝对性。这样，世界观便具有一个双重的角度：一方面它在被给予的世界中为纯粹先天性的可能性奠基；另一方面它又通过这个贯穿的先验—客观先天性而得到

奠基。[1]

据此，胡塞尔非常有把握地超越了狄尔泰之阐释的相对性，并且第一个将问题提到了正确之处。这样，在一种本质必然性中确定意识行为的先验客观性的困难便会增大，以至于那些个体—主体的因素在这里始终是第二级的、派生的因素；整个同时代的哲学都没有理解这些问题；所有这一切除此之外还表现在，胡塞尔直至生命之终结都始终关注着这些问题。在《欧洲科学的危机与先验现象学》(《胡塞尔全集》第六卷)一书中，他对这些问题进行了最为详细的探讨；在这部书的最后附录中所表露出的意向最为强烈。这里表明，在经验科学的事实进程方面确定先验—先天的前提要比在意识行为一般方面关注先验—先天之前提的相同任务要容易得多。胡塞尔的成功之处在于，他出色地揭示了“生活世界”在其自由的束缚性中作为基础和作为奠基的统一，作为自由的意识创造和作为一个必然性的产物的统一，正是在这种必然性中有着生成的习俗、生成的人类组织、宗教、艺术和纯粹的精神意向性的超主体根源，并且它们只有在这时才有能力构造其一个立足于纯粹明见性基地上的人类。

世界观是一种表达，它表达着对超出人之上而起支配作用的东西之分析。正是这种不断的分析才为超越着的意识主动性提供了空间。(参阅:《胡塞尔全集》第六卷，第 35 节，第 182 页)如果按照胡塞尔的观点，这种分析是在世界理解、世界解释、世界充实中

① 尤其参阅胡塞尔:《欧洲科学的危机与先验现象学》，载于《胡塞尔全集》第六卷，第 144 页。第三部分，A.“基本明察:客观—逻辑层次的普全先天建基于更早的普全先天之中，即建基于纯粹生活世界的普全先天之中”。

进行的，那么他便将奠基的严格性与人类此在所服从的命令之严格性的前提联结在一起。对意识主动性的批判与对世界观的批判得以相互补充。哲学的“严格性”从两个方面得到了保证，一方面是生活世界的严格被构造性以及另一方面是为这种分析所要求的奠基之严格性。在胡塞尔的阐述中，这种进程之严格性的一个标志就在于他完全偏离开狄尔泰。在这里发挥作用的不是那种会导向各种世界观之类型学的内容杂多性，而是在构造标题下它们的结构。在“世界观”的不明晰标题下同样隐藏着一种奠基，它不是主观的设想，而是先验被迫的构造。

胡塞尔的这个设想涉及先验主体性现象学与那种每一个主体性所超越的引导性的先验必然性的联结。在他的许多个别阐述中都表露出先验的历史性问题，可惜只是在个别的[①]、但极为重要的考察中。尽管关于胡塞尔的文献不断增多，对一个伟大任务的这个最终英勇的努力既未得到关注，也未得到解释。[②]

无论如何，重要的一点在于，在对《欧洲科学危机与先验现象学》所做的最后笔记中，胡塞尔在其为问题所充实的一生之结尾又回到了他 25 年前对这些问题的第一次阐释上。在这些笔记的结尾处，胡塞尔写道：“哲学作为科学，作为严肃的、严格的、甚至是绝然严格的科学，这个梦已经破灭了”（《胡塞尔全集》第六卷，第 508 页，写于 1935 年）[③]。这个屈服以特殊的方式使人们看到了胡塞

---

① 从迄今发表的胡塞尔著述来看，这个说法已经可以被证明是错误的。——译注

② 这个缺陷在近年的胡塞尔研究中已在相当大的程度上得到克服。——译注

③ 这个说法已经在胡塞尔研究中得到纠正，参阅前面译注中的说明。——译注

尔对哲学事业的巨大献身；但这种屈服是没有得到论证的。这个梦并没有破灭，只是在那些无比丰富的、不断更新的研究中，阿莉阿德尼的线①从胡塞尔的手中脱落了出来。因此，这样一个任务也就变得更为迫切了，即：始终以胡塞尔在开始时所把握到的那些“第一性原理”为主导线索，将它们贯穿在对他的整个事业的解释之中。

① 阿莉阿德尼(Ariadne)，希腊神话中的人物，克里特王弥诺斯和帕西淮的女儿。雅典英雄忒修斯杀死弥诺陶洛斯后，她用小线团帮助忒修斯逃出迷宫。“阿莉阿德尼的线”常被用来比喻解决问题的办法。——译注

附录五　作者生平[①]

埃德蒙德·胡塞尔直至1900年的生平和学术发展曾由阿斯本(A. D. Osborn)作过阐述:《埃德蒙德·胡塞尔与他的〈逻辑研究〉》(*Edmund Husserl and his logical investigations*),两卷本,1949年(附有详细的传记);以后的年代可以参阅普莱斯纳(H. Plessner):"胡塞尔在哥廷根。1959年在胡塞尔诞辰百年庆祝会上的讲话"(Husserl in Göttingen. Rede Zur Feier des hundertsten Geburtstags1959);关于他在弗莱堡期间的讲座,《胡塞尔全集》(*Husserliana*)的各个编者在他们的"引论"中作过介绍。

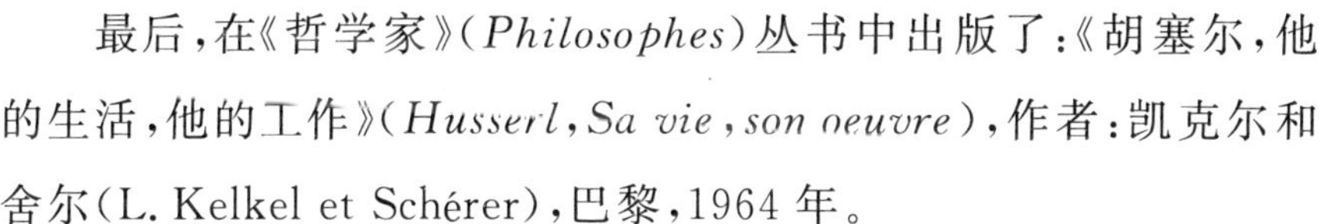

最后,在《哲学家》(*Philosophes*)丛书中出版了:《胡塞尔,他的生活,他的工作》(*Husserl, Sa vie, son oeuvre*),作者:凯克尔和舍尔(L. Kelkel et Schérer),巴黎,1964年。

胡塞尔于1859年4月8日出生在摩拉瓦地区的普罗斯捷耶夫镇;在奥洛穆茨市上高级文科中学;1876年中学毕业考试。大学学习:莱比锡三学期,柏林六学期,随魏尔斯特拉斯(C. Weierstraβ)学习数学,随保尔森(F. Paulsen)学习哲学。自1881年起在维也纳,1882/83年冬季学期完成博士论文答辩。布伦塔

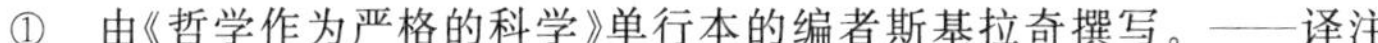

① 由《哲学作为严格的科学》单行本的编者斯基拉奇撰写。——译注

诺(F. Brentano)的影响。1887 年在哈雷以“论数的概念;心理学的分析”完成教授资格论文答辩。

同年与马尔文娜·卡洛特·施泰因施奈德(Marvine Charlotte Steinschneider)结婚;生三个子女:伊丽莎白(Elisabeth),与雅各布·罗森贝格(Jakob Rosenberg)教授(哈佛大学)结婚;格哈特(Gerhart),退休法学教授,名誉教授,弗莱堡;沃尔夫冈(Wolfgang),在一次大战中阵亡。

在哈雷,胡塞尔与心理学家施顿普夫(K. Stumpf)关系密切,并与他结下了终生友谊。施顿普夫的《声音心理学》(*Tonpsychologie*)和他的论文“论空间表象的心理学起源”(*Ueber den psychologischen Ursprung der Raumvorstellung*)影响了胡塞尔 1891 年发表的《算术哲学——心理学和逻辑学研究》。如胡塞尔所说,在这部关于数学的非常含糊之基础的论著中(它是胡塞尔教授资格论文的继续)包含着他在心理学和逻辑学之间寻找第三条道路的最初努力。与此同时,一批重要的数学基础研究得以产生:施罗德(E. Schröder)1891 年发表的《逻辑代数讲座》(*Vorlesungenüber die Algebra der Logik*)(逻辑斯蒂的第一次尝试)以及福格特(E. Voigt)1893 年发表的《基础逻辑学》(*Elementare Logik*)(即逻辑运算),它们受到胡塞尔的批判讨论。尤其还有弗雷格(G. Frege)1894 年的《算术基础》(*Die Grundlagen der Arithmetik*)和 1893 年的《算术原理》第一卷(*Grundgesetze der Arithmetik*)(带有对胡塞尔的“质料”逻辑学的批判)。直到 1900 年发表《逻辑研究》止,胡塞尔一直在运用这些研究(参阅他的“关于德国逻辑学著述的报告”(*Bericht über deutsche Schriften zur Logik*),a)1894 年,

《系统哲学文库》(*Archiv fürsysteematische Philosophie*),第三卷;b)1895—1899 年,《系统哲学文库》,第九卷和第十卷),除了这些研究外,他的讲座活动一直延伸到所有哲学问题上。在哈雷的第一次讲座是:“认识论和形而上学引论”。他常常开设关于休谟,尤其是关于休谟的伦理学的讲座。奇怪的是,在这些年的著述中几乎找不到关于那些在 1900 年的《逻辑研究》中,尤其是在第二卷中仿佛是突如其来地得到突破的巨大工作的任何迹象。胡塞尔的伟大从根本上带有这样一种特征:他能够长达数十年地以一种顽强的精神并且在一种宁静退隐的状态下一再地献身于新的问题。胡塞尔全集的各卷就是他的这一态度的见证,只有在笛卡尔那里才能找到相似的东西。人们无法排除这样一个印象:一种较为深入的交往对于这个事业的完成来说是有好处的。在弗莱堡时期,胡塞尔得到了由他亲自允准的几位助教的支持:首先是海德格尔,然后是兰德格雷贝(L. Landgrebe),最后是芬克(E. Fink)。芬克在 1933 年后的艰难年代里仍然以极大的无私精神为他服务。

1901 年,胡塞尔作为编外教授受聘于哥廷根。从此他的生活进入到正常的学院轨道,尽管他并没有能够避免开一些令人沮丧的失望。他于 1906 年在哥廷根成为私人编内教授,于 1916 年作为李凯尔特的后任成为弗莱堡的哲学教席持有者。1923 年他曾爱邀去柏林任教,1933 年又受邀去加利福尼亚任教,但两次均被他拒绝。1928 年他于弗莱堡退休之后,直至 1938 年 4 月 27 日逝世,——尽管极为孤独——始终在进行深入的研究。他与妻子一同葬在君特斯塔尔(Günterstal)乡村教堂旁的墓地里。

我曾听过他的许多讲座,这些讲座并不特别成功。他仿佛是在自言自语，没有激情，没有文学渲染，以一种动人的方式，就好像思想在自己陈说着，独立于所有顾忌，独立于所有现实，眼里只有“无限的任务”(他最喜欢的一句话)。在陈说中，他确立一个“无限”远的点，他可以暗示这个点的可见性，即使他并不为通俗易懂的可解释性作努力。他能够作出忘我的献身，极为专一地关注他的事业，这便是他的尊严和威严所在，这种尊严和威严也从他的遗稿中透射出来。

他本人一生中发表文字极少，这恰恰证明，他是如何认真地看待他的任务的无限性。关于他在 1900 年至 1910 年的工作，他的遗稿新近提供了一个令人惊异的解答。(《胡塞尔全集》第二卷，《现象学的观念》，附有比梅尔所做的重要事实陈述。①)

在《逻辑研究》发表后处在显赫声誉之中的胡塞尔能够沉默十年之久，尔后才认为“哲学作为严格的科学”值得发表，这个事实赋予了这篇论文以无法充分估量的重要意义。

他也始终如一地忠实于自己。任何外在的东西都未能够动摇过他。他的泰然自若的开朗和他的毫无所求的诚挚使得每一个能够接近他的人都感受到他的形象的金碧辉煌。人们经验到，什么才是伟大；这种经验之光感动着那些在艰辛的努力中忠实地管理着他的遗稿的人们。

---

① 中译本参阅胡塞尔：《现象学的观念》，倪梁康译，上海，1986 年，台北，1987 年。斯基拉奇所说的“令人惊异的解答”，是指胡塞尔并非像人们此前所认为的那样是在 1913 年的《纯粹现象学与现象学哲学的观念》第一卷中才完成了向先验现象学，即构造意识的现象学的突破，而是早在 1907 年期间便已进入到先验领域之中。详细地说明可以进一步参阅该书中由比梅尔撰写的“编者引论”。——译注

附录六　文献选要[①]

这里只给出那些会更清楚地说明从胡塞尔的这篇论文到他的主要著作之过渡的著述。一份完整的文献目录对最初的研究来说是多余的。最近的和相对丰富的概论包含在布洛克曼(J. M. Broekmann)的著作中:《现象学与本我学》(*Phänomenologie und Egologie*),1963 年。

胡塞尔的著作连同全部遗稿发表在一个宏伟而异常仔细的版本中:《胡塞尔全集》(*Husserliana, Gesammelte Werke*),在梵布雷达(H. L. van Breda)的领导下由胡塞尔文库(卢万)根据胡塞尔遗稿自 1950 年起出版。

尚未收入全集的有《算术哲学》(*Philosophie der Arithmetik*),1891 年;《逻辑研究》(*Logische Untersuchungen*),1922 年和 1924 年第四版;《形式的与先验的逻辑学》(*Formale und transzendentale Logik*),1929 年;《内时间意识现象学讲座》(*Vorlesungen zur Phänomenologie des inneren Zeitbewußtseins*),由海德格尔出版,1928 年;[②]《经验

① 由《哲学作为严格的科学》单行本的编者斯基拉奇撰写。——译注

② 以上四书现在已经收入《胡塞尔全集》(迄今已出版三十卷),分别作为第十二卷,第十八—十九卷,第十七卷和第十卷。其中,《逻辑研究》已译成中文:第一卷:《纯粹逻辑学导引》,倪梁康译,上海,1994 年,台北,1994 年;第二卷,上、下部分:《现象学与认识论研究》,倪梁康译,上海,待出,台北,待出。——译注

与判断。逻辑系谱学的研究》(*Erfahrung und Urteil. Untersuchungen zur Genealogie derLogik*),由兰德格雷贝编辑出版,1948年。

特别要推荐对以下著作做进一步研究:

《胡塞尔全集》第一卷,1950年,《笛卡尔的沉思》(*Cartesianische Meditationen*)和《胡塞尔全集》第六卷,1954年,《欧洲科学的危机与先验现象学》(*Die Krisis der europäischen Wissenschaft und die transzendentale Phänomenologie*)①。

关于这里的论文可以参考:

劳尔(Qu. Lauer):《哲学作为严格的科学——导言》(*La Philosophie comme science rigoureuse, Introduction*)(50页),翻译与注释(65页),附有详细的文献资料,1955年。

同一作者:《胡塞尔的现象学——关于意向性发生的论文》(*Phénomenologie de Husserl. Essai sur la genèse de l'intentionnalité*)。

迪默(A. Diemer):《现象学与作为严格科学的哲学观念》(*Die Phänomenologie und die Idee der Philosophie als strenger Wissemschaft*),1956年。

同一作者:《埃德蒙德·胡塞尔——对他的现象学进行系统论述的尝试》(*Edmund Husserl. Versuch einer systematischen Darstellung seiner Phänomenologie*),1956年。

其他的全面论述:

布洛克曼:《现象学与本我学》,《现象学丛书》(*Phaenomeno-*

① 中译本参阅胡塞尔:《欧洲科学的危机与超验现象学》(第一、二部分),张庆熊译,上海,1988年。——译注

logica)第十二卷,1963 年。

冯克(G. Funke):《论先验现象学》(*Zur transzendentalen Phänomenologie*),1957 年。

兰德格雷贝:《现象学与形而上学》(*Phänomenologie und Metaphysik*),1949 年。(尤其论述胡塞尔的方法。)

莱维纳斯(E. Levinas):《埃德蒙德·胡塞尔现象学中的直观理论》(*La thérie de l'intuition dans la phénomenologie Edmund Husserls*),1959 年。

米施(G. Misch):《生命哲学与现象学》(*Lebensphilosophie und Phänomenologie*),1931 年。

穆勒(W. H. Müller):《埃德蒙德·胡塞尔的现象学》(Die Philosophie Edmund Husserls),1956 年。

斯基拉奇:《埃德蒙德·胡塞尔现象学引论》(*Einführung in die Phänomenologie Edmund Husserls*),1959 年。

德维伦斯(A. DeWaelhens):《现象学与真理》(*Phé nomenologievérité*),1953 年。(尤其论述意向性和明见性。)

纳托尔普(P. Natorp):"胡塞尔的纯粹现象学观念"(Husserls Ideen zu einer reinen Phänomenologie),《逻各斯》(*Logos*),1917/18 年。

个别论述:

阿道尔诺(Th. W. Adorno):《认识论的元批判》(*Zur Metakritik der Erkenntnistheorie*),1956 年。(对《逻辑研究》至关重要。)

布鲁门贝格(H. Blumenberg):"从现象学角度看生活世界和

技术化”(Lebens-welt und Technisierung unter Aspekten der Phänomenologie),《哲学》(*filosofia*),1964年。(对世界观哲学与胡塞尔主要著作的联系至关重要。)

还可参阅荷尔(H. Hohl):《生活世界与历史,埃德蒙德·胡塞尔后期哲学的基本特征》(*Lebenswelt und Geschichte, Grundzüge der Spätphilosophie Edmund Husserls*),1962年。

芬克:《处在当前批判中的埃德蒙德·胡塞尔的现象学哲学》(*Die phänomenologische Philosophie Edmund Husserl's in der gegenwärtigen Kritik*)(附有胡塞尔的一个前言),1934年。

伽达默尔:《真理与方法》[①],1961年。(对狄尔泰—胡塞尔的关系至关重要。)

吕贝(H. Lübbe):“现象学柏拉图主义的终结”(Das Ende des phänomenologischen Platonismus),《哲学杂志》(*Tijdschrift voor Philosophie*)1954年。

罗特(A. Roth):《埃德蒙德·胡塞尔的理论研究》(*Edmund Husserls ethische Untersuchungen*),《现象学丛收》第七卷,1961年。

在论文集中的重要文章:《胡塞尔与近代思维》(*Husserl und das Denken der Neuzeit*),由梵布雷达出版,《现象学丛书》第二卷,1959年;以及《胡塞尔:1859—1959年》(*Husserl 1859—1959*),《现象学丛书》第四卷,1959年。

① 中译本参阅伽达默尔:《真理与方法》,洪汉鼎译,上海,1992年,台北,1993年。——译注

现象学出版的喉舌《哲学与现象学研究年刊》(*Jahrbuch für Philosophie und phänomenologische Forschung*)(尼迈耶出版社,自1913年起)曾经持续了多年。在这个年刊中曾出版过诸多文献,其中有:胡塞尔:《纯粹现象学与现象学哲学的观念》第一卷[①]。(附有瓦尔特(G. Walter)的"详细的概论索引",共60页;由兰德格雷贝做了缩减,《胡塞尔全集》第三卷,第420以后)。海德格尔:《存在与时间》[②];舍勒(M. Scheler):《伦理学中的形式主义与质料的伦理学》;此外还有莱纳赫(A. Reinach)、普范德尔(A. Pfänder)、盖格(M. Geiger)、贝克(O. Becker)等人的著述。

自1940年以来便在布法罗出版了一份现象学研究的杂志:《哲学与现象学研究》(*Philosophy and Phenomenological Research*),由法伯(M. Faber)主编。

关于学派的传播与发展,施皮格伯格(H. Spiegelberg)提供了出色的咨询:《现象学运动——一个历史的导引》(*The Phenomenologica Movement. A Historical Introduction*),两卷本,1960年,附有21张图片。(《现象学丛书》第五、六卷,1950年。)

① 中译本参阅胡塞尔:《纯粹现象学通论》,李幼蒸译,北京,1992年。——译注

② 中译本参阅海德格尔:《存在与时间》,陈嘉映等译,北京,1987年。——译注

图书在版编目(CIP)数据

哲学作为严格的科学/(德)胡塞尔著;倪梁康译.—北京:商务印书馆,2017
(汉译世界学术名著丛书:120年纪念版:珍藏本)
ISBN 978-7-100-14769-9

Ⅰ.①哲… Ⅱ.①胡… ②倪… Ⅲ.①胡塞尔(Husserl,Edmund 1859-1938)—哲学思想 Ⅳ.①B516.52

中国版本图书馆CIP数据核字(2017)第159898号

汉译世界学术名著丛书
(120年纪念版·珍藏本)
哲学作为严格的科学
〔德〕胡塞尔 著
倪梁康 译

商务印书馆出版
(北京王府井大街36号 邮政编码100710)
商务印书馆发行
北京市松源印刷有限公司印刷
ISBN 978-7-100-14769-9

2017年12月第1版 开本710×1000 1/16
2017年12月北京第1次印刷 印张8¼
定价:42.00元